你越迷茫：越要去闯

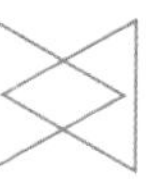

牛文 著

九州出版社
JIUZHOUPRESS

这个世界，

在残酷惩罚不改变的人。

翻山越岭到达山的那一头，不是为了超越谁，

是为了体验更多样的人生，也是为了看到更远的风景。

我们都会成为最好的自己，并且全心热爱当下的自己

自序

你的人生，由你定义

说实话，我从未想过会成为作家。

大学刚毕业的时候，我以为自己会找一份朝九晚五的工作，然后遇见一个人与他结婚生子，过着平凡的生活。这种生活没什么不好，只是我内心的小野兽一直在蠢蠢欲动，等待爆发，然后我渐渐明白，原来我要的生活根本不是这样。

我想要的，是仗剑走天涯去追求心中的梦想。虽然那时候我的梦想还不明晰，但可以肯定，朝九晚五的日子不是我想要的。

然而，作为一个女人，不安于现状，想要手握野心打天下，在某种价值观体系里，并不是一件多么光荣的事情。我听到很多质疑的声音，他们告诉我，女人嘛，有份稳定的工作就好，没事跟小姐妹喝喝茶，逛逛街，等到了一定年龄，投身家庭，结婚生子，追求什么梦想呢？

结婚生子固然重要，是人生中需要经历的大事，然而除了结婚生子，我想，我应该先变成自己喜欢的样子。

就这样，在毕业后没多久，我踏上了一段折腾的旅程。

说真的，我折腾了好多好多事情。

我创业，从互联网到移动互联网再到电商，我去美国念书，从英文小白到可以用英文流利地演讲，我的生活每一年都在发生翻天覆地的变化。站在今天回头望，我赚到了一些钱，走过很多国家，也结识了很多优秀的人，同时我也承受着无法想象的孤独、沮丧和寂寞。

有人问我，为什么要这么折腾呢？

很简单，因为只有在折腾中，才能让我等凡夫俗子明确自己的内心，也才能够认识自己，知道自己喜欢什么，知道自己几斤几两，甚至知道自己适合什么样的男人。

我的人生转折点是在2014年，我做起了人物采访，并且把谈话记录下来写成文字，也正是从这些深入的谈话中，我发现了更广阔的天地，发现了女人原来可以有各种各样精彩的活法。

我认识了在美国当“枪手”的李七七，我认识了二十岁出头就登上福布斯榜单并且成立了一只女性基金的Pocket，我认识了三十岁从五百强企业辞职创业的Daisy，我认识了四十岁离婚要去追求梦想的Susan……这些活跃在世界各个领域里的女人让我动容。

她们打破了我的想象，也打破了社会限定的规则，在这些活得精彩又自如的女人们生命里只有一个法则，那就是倾听自己的内心，跟随自己的内心。

今天，如果你问我什么是最好的生活，我会告诉你，那就是认识自己的内心，正视自己的欲望，选择自己能够承受的选择，放手一搏。

有很多人在追梦路上纠结、迷茫，与自己抗争、与父母抗争、与伴侣抗争，其实归根到底，是自己的问题。

我常鼓励我的读者做到经济独立，然后趁着年轻，多看看这个世界的宽广，也看看这个世界的多元与精彩，只有当你经历了，你才有资格和能力去认识自己真正的内心。喜欢朝九晚五还是喜欢浪迹天涯，这些本身都没有对错之分，无非是一种个人选择罢了，但我真诚地希望，你看过了这个世界，再去做人生的选择，你会少些纠结，也少些后悔。

当然，追梦的路上，你可能会无比彷徨，就像我说的，也许父母会不支持、伴侣会不理解，让你在深夜里迷茫，不知所措。没错，我们身上有太多的负担与枷锁，我看得到也感受得到，所以我在书里，跟你分享了与父母交流的秘诀，选择伴侣的方法，希望追梦的你，可以少一些纠结，多一些勇敢。别给自己设限，更别等到老了以后再后悔，你要做的，无非就是迈出那一步，去体验一切你想要做的事。

你不去这个世界看一看，你根本不知道这个世界到底有多美好，往前一步没有你想的那么艰难，追梦的路上也没你想的那么孤独。

我跟你们一样，曾经迷茫、焦虑、无措、痛苦、失望，然而我相信，越迷茫，越要闯。将来的你一定会感谢现在无所畏惧的自己。

愿你能够带着野心上路，实现你的理想生活。

你的人生，本该由你定义。

经历丰盈我们的人生，

而奋不顾身带给你的风景，

一定最与众不同。

目录 CONTENTS

PART 1

我们朝气满满，野心勃勃

PART 2

遇见未知的自己

仗剑走天涯，

是为了享受人生热气腾腾的战斗感；

洗手作羹汤，

是为了珍惜战斗后的那份宁静。

PART 3

勇敢去爱，勇敢被爱

PART 4

你的未来拥有无限可能

PART 5

你想要的生活，没那么难

PART 6

只有走过的路，没有唯一的路

我们都要在认清自己是谁之后，

才能撇弃那些外在的是是非非好好坏坏，

迎来我们的盛开时节。

生活很难，变美相对简单，
用最美的姿态面对生活，
你会更从容，更好看。

我们朝气满满，野心勃勃

PART 1

你付出的一切，世界终会高歌还给你一番精彩的天地

女孩子不要太辛苦，然后呢？

我妈妈过年的时候反复跟我说一句话：“你不要这么辛苦。”

我妈妈觉得我辛苦，是因为我自从上了大学，直到毕业，从来没有消停过。

大学寒暑假不是在上补习班，就是去实习。

学编导专业的我，大学时期非要挤破脑袋跑去公关公司实习，但好处是我在上海世博会那年过五关斩六将成为世博公关新星，接待了很多来自香港和海外的领导者，接触到了很多高管和CEO，从他们的身上学到了很多在学校学不到的东西。

英语四级都还没有考过的我，跑去给国家广电总局的外事办投简历，从给各个领事馆打电话开始到邀请各国使者和新闻发言人来中国，独立组织一场国家级别的活动，锻炼了英语能力，了解了其他国家的文化，还交到了很多好朋友。

大学毕业后赚到了钱，让我能够自己负担学费去纽约念书。在纽约，我认识到了更多有趣的人，厉害的人，奇怪的人。他们带我去长岛参加盛大的婚礼，带我去洛杉矶看网红墙，也让我有机会去写科技博客，采访了世界各地优秀的女性，顺理成章地去了硅谷，看到了很多颠覆性的创业公司。

2016年，因为我的积极申请，获得了英国领事馆的推荐，成为VOWer（英国领事馆“誓愿”活动授予的称呼），去白金汉宫喝下午茶，去跟英国最优秀的女人探讨家庭和婚姻问题，还见了前首相太太和王妃。

当我转了这么一大圈再回到中国的时候，我看懂了美剧《欲望都市》里Carrie的孤独和骄傲，也能明白《硅谷》里创始人创业的焦虑和不安。

而我的同学，选择了一份朝九晚五的安稳工作，下班回到家里看电视剧刷朋友圈，他们问我，你是怎么样活得这么精彩又有趣的？

我跟他们说：因为我很辛苦。

没有人相信。

在技能上努力，可以让你技艺傍身，让你在追求自己理想生活的时候少一些阻碍。

在外语上下功夫练习，有一天当你突发奇想要当个时尚博主，你可以利用双语优势做一个真正有国际背景的时尚博主。或者有一天你在国外遇到一个异国真爱，可以顺畅地交流，不至于错失Mr.Right。

在工作上努力，可以让你实打实地掌握属于自己的核心竞争力，跳槽加薪不在话下，说不定还可以做个斜杠青年，写书拍电影开花店任君挑选。

辛苦的意义，是让你积累人生的必备技能，再利用这些技能，去肆意地活出自己想要的人生。

蔡康永说："五岁觉得游泳难，放弃游泳，十八岁时遇到一个你喜欢的人约你去游泳，你只好说我不会耶。十八岁觉得英语难，放弃英语，二十八岁出现一个很棒但要会英语的工作，你只好说我不会耶。人生前期越嫌麻烦，越懒得学，后来就越可能错过让你动心的人和事，错过新风景。"

是啊，因为你总是觉得太辛苦，人生的路上便失去了很多乐趣。

限量版的爱马仕数得清，YSL的口红价格永远固定，唯有这个世界，看不完说不清。

你怎么舍得放弃？

妈妈总是喜欢我漂漂亮亮拍拍照，再去跟小姐妹喝喝下午茶，她觉得那样我才开心，可是繁华的物质生活终归会腻，探索有趣的世界才乐趣无穷。

辛苦努力的意义，不仅有这些乐趣，还让我稳稳当当赚着属于自己的钱，想干吗就干吗。

你是想要年轻时有份轻松的工作，等到四十岁，钱都给孩子上了钢琴课上奥数班，紧巴巴地算着是不是能让孩子出国留学，更不要说给自己买一件像样的羊绒衫。

还是想要趁年轻去吃苦打拼，等到四十岁管理着自己的公司或者团队，打电话让老师来家里上私教课，顺带在司机开车送你回家的路上拿下个漂亮包包犒劳自己？

再或者你是想要失恋回到出租屋看着老板的批评邮件继续掉眼泪，还是失恋跑去度假买买买吃吃吃，躺在豪华酒店的床上敷面膜，享受单身才有的快乐？

依赖别人的幸福终归有限，能力范围内，给自己想要的一切。

我抬头跟妈妈认真地说道：“工作很辛苦，做全职太太也很辛苦，人来到这个世界上就没有不辛苦的。”

你问我创业辛苦吗？辛苦啊！可是实打实地积累了一身本领，这些技能不会丢不会跑，只会让我走得更高更远，摔过的每一个跤都在日后成为我的保护伞，替我遮挡风雨。

道理就是这么个道理。

与其把时间花在无聊没有意义的事情上，不如用来去学习去提高技能，这世界绝不会辜负你的任何努力。

你付出的一切，世界终会高歌还给你一番精彩的天地。

大城市是梦想的土壤

谈到梦想，我总是鼓励大家去大城市，北上广最好的地方在于其宽广的包容性，哪怕你要做的这件事，从来没有人做过，你是个开拓者，也可以在这里实现自己的梦想。

当我第一次跟我妈说，我付钱找人来上海的公寓帮我整理房间的那一刻，我妈嗤之以鼻：“你真是有钱没地方花，收拾屋子还要花钱？你还不如找我来给你收拾呢！”

我没理她，按照自己的时间约了艺恩来家里。

艺恩带了两名助手，来到我家的第一件事竟然不是整理，而是帮我把所有柜子和床移开，清理那些隐藏在角落里，不知道多少年没有见过光的灰尘（因为整理收纳需要基于房间已经清洁干净的情况下）。然后把所有的物品一一整理出来，让我一件件去审视它们，选择去留，再按照我的生活习惯挪动屋子相应物品的位置，为我区分不同的生活工作空间。二十个小时之后，我的公寓焕然一新。

艺恩是我新认识的闺蜜，目前是中国屈指可数的整理师。谈到整理收纳，并不是妈妈那一辈简单地将物品叠好放置好的概念，而是重新审视自己和物品的关系，扔去负担，迎接新生活的过程。这是一个在中国刚刚兴起的行业，也是艺恩投身其中为之奋斗的事业。

你看，大城市的好处在于，包容你的每一个梦想，哪怕这个梦想在这里是全新的，你也可以去开拓。

她与我同年，来自甘肃的一个四线城市，在普普通通的家庭长大，千军万马迈过高考的独木桥考上上海政法大学学习法学，毕业后按照家人的期待做了一名白领从事法务相关工作。然而日复一日的纸面工作并没有办法激起艺恩对于生活的热情和期待，司法考试连考四次也无法通过，她越发感觉自己所从事的工作索然无味。有一次，她去整理自己过去的笔记，发现自己总是在本子上提炼出“精简”“整理”这些字眼，但是这意味着什么她自己也不清楚。于是她开始搜索网上的信息，发现有整理这门行业，于是她从2013年开始研究日本近藤麻理惠的“心动整理法”以及山下英子的“断舍离”，平日里上班，周六周日跑去别人家里义务为别人收拾和整理房间，在这样的过程中，她发现了自己的使命和心中所爱。

是的，她想做一名整理师。

刚做这行的时候，艺恩妈妈在电话里大哭：“我好不容易养你长大，送你去上海，你为什么要辞职帮别人收拾屋子呢？”

上一辈人并不明白收纳和整理是怎么回事，这个全新的行业，新到无法让家人理解，她一时半会儿也无法跟父母解释清楚。她的父母也不明白，自己心目中的乖女儿好学生，为什么会如此坚定。

2013年辞职的时候，艺恩身上并没有多余的积蓄，那一年她二十四岁。

破釜沉舟的勇气带来的，是义无反顾的决心，告别法务工作的那天，艺恩发了条朋友圈，表明自己投身整理行业的决心，她的妈妈给了她一个赞。

2014年到2015年，艺恩开始整理收纳工作，她曾经试过一家家敲门提供服务，但被阿姨骂神经病；散发自己的公益名片，也被无数次当面扔掉。

直到2015年被自媒体发掘，开始逐渐有人预约她整理收纳咨询。她成为首位英国BBC报道的中国整理师，也是首位CCTV NEWS 报道的国内整理师。

大城市里我们所经历的情感，也是一个复杂的话题。

艺恩毕业前曾谈过一个上海男朋友，几个月后她发现男孩家里对他们的感情一无所知，艺恩去问他，得到的答案是，他的妈妈绝不会让他娶一个外地女生，分手后的艺恩三天没吃没喝。

直到毕业后遇到了她现在的先生，两人一起在上海租了房子，房子不大也不豪华，却是真真切切的温馨。先生给了她很多的支持和包容，她也用专业和爱情给了先生一个独一无二又温暖的港湾。

外地人来上海，是因为这个城市足够包容，足够支撑梦想，足够让我们过上想要的生活，可以不依靠美色，而是选择拼搏，也可以不选择嫁给有钱人，而是选择最支持自己的人。

这座城市，是个多选题，选项多到超出你想象，只要你愿意探索自己，你就会选择出适合你的那一项。

我与艺恩的经历有些许的相似之处，从二线城市来到上海，没有大富大贵的家庭做支撑，只能靠个人奋斗。

我们同在一个女性创投圈，比起那些含着金汤勺出生的姑娘们，我们看上去输在了起跑线上，那我们怎样做才能在后面的比赛中，超越她们呢?

我想大概是对自己有足够的探索和认知，加上勇气和魄力。

因为身后无人，才更能铆足劲向前。

三四线城市的姑娘来到上海，不靠美貌能站稳脚跟赢得尊重并且拼得一份事业，这在我学生时期几乎不敢相信。

后来随着自己阅历的增加，以及遇到很多像艺恩这样的姑娘，才明白——二十五岁之前的我们，靠高考迈向大城市，再靠快速试错选择热爱的行业；二十五岁之后，靠自律和坚持维护心中的热爱和信念。

当然，永远没有太晚的开始，如果你过了二十五岁，也依然能够快速试错与坚持，无非是时间延长，只要能够即刻醒悟，不再继续蹉跎岁月已是我们的幸运。

什么是我们为之热爱的事情，什么又是对的事情？

每天醒来都觉得兴奋的，做起来也能够顺风顺水的，就是对的事情，其实并不难寻，但重要的是你已经开始着手寻找起来。

我们每个人天生带有自己的使命赴这一趟旅程，你要学会找到自己的使命。

就如同艺恩在整理中总结，衣服有不同的材质：棉麻、真丝、貂毛、雪纺、涤纶。你是纯棉，就无需伪装貂毛，去做你自己，去寻找属于你自己的那份使命和心中所爱。

她让我想起最近李宇春的一首歌：

生命的意义就是要纵情燃烧不怕留疤

日月问少年能够不羁多少个四季

少年说一定率性而行无所畏惧

……

我听到不同颜色的人在呐喊我的名字

不管那个声音是捍卫还是讽刺

我都想说一句不好意思

因为我从来就不循规蹈矩服从压制的模子

后来我渐渐离开了这座城市

像更多心怀抱负的少年一样奋力展翅

2016年，艺恩走了3个国家，19个城市，约见了135位一对一的客户，获得了21家媒体的报道，捐助了5000元的善款，与此同时，她吃过8种药，失眠过5天，进了3次医院，写了两本日记，然后爱上一个人。

2016年，我走过5个国家，40个城市，跑过5场展销会，见过超过20家工厂，进过一次急症室，写过50篇文章，签了两个图书出版合同。

你看，我们这般执着追梦的青年，从不循规蹈矩，只知道无所畏惧地前行，即使有伤痛，也不会阻碍我们前进的步伐，有痛苦有遗憾的追梦之路，才能称之为年华。

别人懂不懂不要紧，我们只管追梦就好。

只有年轻人才会说“永远”

我以前谈过最多的词语就是梦想，一开始我把梦想定义为“我们内心真正想去追逐的那件事或想要拥有的那一种人生”。后来，我发现梦想根本不是我想的那样，我在一段段故事和经历中，又重新赋予了这个词语新的含义。

在上海参加一场活动时，听闻一家酒业集团几年前在宁夏举办过一个关于女性公益的活动，活动地点在宁夏盐池。那里是一个完全不同的世界，那里的女性非常羞涩，从不会与他人滔滔不绝地谈话，项目的负责人Ella也是一位女性，她挨个走访当地的家庭，给她们普及外面的世界，以及金融的基本常识。

Ella跟我们描述那里的房子破破烂烂，即便是阳光非常好的白天，房间里也是灰暗的。一直以来在当地女性的生活理念里，过一天算一天，日子就是这么悄无声息而又没有指望地溜走。

在公益组织的普及下，盐池当地后来为这里的女性们建立了合作社，她们开始养鸡养牛，存钱给孩子念书。

一段时间后，再与那些妇女们聊天，她们竟然开始主动谈及未来的规划，叽叽喳喳地讨论要卖多少鸡，卖多少牛。Ella跟我们说有个大姐甚至激动地一边算钱一边跟她说，自己的儿子在银川念书，她的梦想是儿子能考去清华，她笃定的表情似乎儿子已经进入清华。

Ella心里很清楚宁夏录取率是极其低的，就现在中国高考制度的残酷性而言，这位大姐的儿子能上清华的可能性微乎其微，但是没有一个人去告诉她这个残酷的事实。

因为梦想是她在苦难和无光日子里唯一的寄托，虽看不见摸不着，但是时间久了，那些拥有梦想和未来期许的人们，总会在自己的精神世界埋下一颗种子，这个种子不知道什么时候会发芽，也不知道会不会开花，但梦想不管能不能实现都一定要拥有。

有段时间看了很多名人采访和自传，董明珠的故事倒是让我感到意外。

我本以为这是一个女性常规的励志故事，比如从小我就立志要当个霸道女总裁云云，实则不然。三十岁之前的董小姐和寻常女子一样过着平凡生活， 二十一岁的她毕业回到南京从事行政工作， 不久后进入婚姻， 二十八岁生下儿子。但是这样相夫教子的日子并没有持续多久，三十岁那一年，丈夫的意外病逝打断了她安逸的生活。

六年后，她离开家乡南京，离开母亲和儿子，来到珠海成为格力的一名普通的销售员，在不断地努力下，四年后她进入管理层，二十二年后她成为格力的“一把手”。

她有很多梦想，比如“梦想有一天希望大家都能够开着格力的车，打着格力的手机，一切产品都是格力”，不仅如此，她也数次在公开场合表达格力的产品是如何的胜于日本产品，她对于格力的坚持，是每个人都能够看得出来的。

哪怕是在热门新闻里，王健林与她联手造车，也有无数媒体稿件的标题为：她是因为梦想。

鲁豫说，董小姐反复提及她当年拼在销售第一线的日子，她是如何执行销售，如何用自己的双手一点点打造出现在的成绩。

董明珠并没有讲述过多的奋斗故事，但我依稀从话语中感受到，从无助的婚姻状态转移到方向日益明确的事业后，她是如何一步步走得更踏实，是如何一步步坚定地掌握了人生方向，是如何坚守自己的原则，打下她的江山。

三十岁后，她再无婚姻，全心为企业付出，先托起了格力，后激流勇退，在中年时决定再次创业。她的人生没有停下脚步，仿佛永远不知道在她身上可以发生什么事情和变化，但是不管从外界来看，还是从她自己的活法中，我们仍然可以体会到，她一直为梦想而活，为梦想而努力。她的这个梦想，是陪伴她走过无数岁月的力量，是她撑起自己生活的支柱，这样的梦想，是命运的选择，是生活的变量，也是我对她的另类解读。

也许很多人觉得见的梦想太多了，听的故事太多了，经历的事太多了，所以梦想就变了，就不再有了，即使在内心某个角落仍然有一丝光亮，但也会因为外在环境的影响而选择放弃。不得不承认我们每个人的人生都处在一个繁杂且理不清的多维空间中，这个维度里有家庭、婚姻、事业……有我们的主动选择，也有我们的被动选择，但这些变的和不变的，最终会让坚持不懈的人确定梦想的方向。

不用太拘泥梦想的方向，当然，也无需沮丧梦想的转向。

我二十岁那年曾跟一位年过半百的长辈聊天，我说我的梦想是永远要怎么样。

那年的她笑笑没跟我聊梦想，只说了一句话："只有年轻人才会说'永远'。"

于是今天的我才渐渐懂得，梦想也是人生的变量。

翻山越岭的意义，是为了体验更宽广的人生

出国半年的佳告诉我，她好不容易托福考了100分，申请花了一年半，父母跟朋友借了十几万，又跟银行贷款几十万，含着眼泪送她去了机场，叮嘱她好好学习，一定要争口气找份好工作不要辜负了全家人对她的期望。她背负着贷款和期望来到美国，却发现同学里有十几岁就移民美国的富二代，有卖了好几家公司的创业公司CEO，他们看上去轻而易举地考上了自己付出无数艰辛才走进的大学，他们的肩膀上没有负担，看起来跟她站在同一个山头上，却比她过得更快乐更轻松。

创业了一年的强哥跟我说他咬牙辞掉了年薪百万的工作，

算算银行贷款和家庭的开支，从中拿了五十万，游说了几个同事跟他一起创业，从产品到营销，从运营到投资，好不容易融了一百万，用了一年撑到产品上线，用户过了十万。他被邀请去了互联网大会做分享嘉宾，却发现隔壁的王总阿里巴巴没辞职，投资人就给三千万，不用卖力吆喝就有一堆精英要跟着干，产品点子跟他也相似，产品研发三个月就上线，六个月用户就过了百万。

这个时候，我开始质疑自己，这么拼尽全力往前跑，为什么总是比不过别人?

我在创业的很长一段时间里，也有同样的困惑。

早些年我在微博卖东西的时候，放弃了微博持续上升的大好趋势出了国，错过了最好当网红的时期。现在上微博一看，那些年跟我一起的微博红人们各个都成了大号，这个做了上亿销售额的店铺，那个做了生活方式的电商平台，我现在再怎么卖力吆喝可能都赶不上他们十分之一的流量。

我到2014年末开始懵懂地运营微信公众号，却因为种种原因并没有一路走下去。到了2016年4月才重新开了号写文章，但周围人都说过了流量红利期，累死我去经营，可能也成不了千万级别的大号。

到了这个阶段，我该如何做？即便我设定了要努力做到粉丝五十万，再去重新做一个社区或者平台，但是前面这些累积了很久的对手们早有人实现了我的理想目标，我永远都在他们的后面一步。

我开始思考，如果我一直往前奔跑，翻山越岭又气喘吁吁地到达自己期盼已久的彼岸，却发现这里不仅无人等候，而且已经有人跃跃欲试地往下一个山头奔跑，那我这么努力到底是为了什么呢？

后来娟姐跟我说了一个她自己的故事。

她很爱骑自行车，而且特别享受在路上超越别人的感受。有一次她在路上骑自行车，余光看到有辆车“嗖”的一下从她身边经过，她的好胜心被猛烈地激发起来，拼命踩着自行车往前骑，这次她累得不行，一路上感觉自己手脚完全不够用，更别提享受了。到了一个红绿灯路口，她停下来往身边一看，发现自己拼了命赶超的竟然是一辆电瓶车。

而那一刻电瓶车车主的脸上，更是写满了问号，心里大概是想，这个女人简直是有病，莫名其妙骑着自行车跟电瓶车比什么比。

娟姐说她在那个红绿灯路口的时候，自己笑出了声。

你看，太在乎输赢，往往容易忽略这一路上的感受，不管是苦还是乐，都是一段难得的经历啊。

除了我们那些独一无二的人生经历之外，我们还在进行着一场独属于“我”的比赛。每个人都有着自己的原生家庭、性格、教育背景甚至阶级，如果横向比较，永远都有人超越我们，也永远有人做到了我们的终极目标，过着我们想要的生活。但正确的心态是，至少应该努力去看看自己能够努力到怎样的程度，能看到什么样的风景，而不应该抱着“反正我也比不过别人”的心态就停下脚步。

另一方面，你翻山越岭，最重要的因素是“你”，我们每个人对于人生、社会和自我的理解程度不一，实际上也无法走到一个完全相同的山头上。看似几乎一模一样的山顶，大家却各自占领着不同的地盘，也在用不同的规划和不同的速度往其他的方向走去，这才是我们往前走的时候最重要的事情。

因为我是独一无二的我，所以我写出的每一个文字，做的每一个公司，都有属于我的情怀和理想，也有我的烙印。

借了款又彻夜背托福出国念书的佳，在国外潜水、跳伞、组织活动，视野和眼光早已超过了当年老家的同学，她在大二的时候去了一家世界五百强公司实习，她可以用英文跟同事去演讲自己的市场提案。

辞职又融资艰难的强哥，积累了很多运营社区的经验，公司被一家大公司收购，并且行业内对他运营市场的能力高度认可，不断有更大型的创业公司向他抛来橄榄枝。

而我，写着自己的文字，做着自己的品牌，不一定能如我期望的那样，成为一个微博红人或者自媒体大号，但是那些未到来的人生，让我的坚持有了不一样的意义，也让我更坦然，更淡定。

翻山越岭到达山的那一头，不是为了超越谁，是为了体验更多样的人生，也是为了看到更远的风景。

不要忘了那个奋不顾身的你

羊叫兽说她决定公司转型要做面膜的时候，我坐在床上惊得下巴都快掉下来了。

羊叫兽从美国毕业回国，在家乡合肥做起了线下一对一家教的项目。她和合伙人什么都不懂，硬是在校门口发传单跑客户一点一点积累，如今他们在合肥的家教行业做到了前三名，打败了新东方。

“你做得好好的家教，干吗要卖面膜？”

羊叫兽一本正经地说：“为了赚钱啊。”

“做家教也很赚钱啊？”

“我们的家长大多年龄层在三十五岁到四十五之间，而且有购买力，我想卖给家长呀。”

旁边的陈哥插话了：“你懂供应链吗？你要什么品类？你知不知道A品牌刚收购了B和C ？”

从聚美优品出来创业的甜甜喝了口水抨击道：“你的毛利有多高？你知道聚美优品现在是化妆品行业的电商佼佼者吗？你知道屈臣氏上架销售指标是多少吗？卖得不好可是要立刻下架的！”

……

羊叫兽忧伤地看了我一眼。

我顿了顿只能说：“我应该不会买……我皮肤敏感能用的产品比较有限。”

那个晚上，我们都在用自己的商业逻辑抨击羊叫兽。晚上回到公寓里，羊叫兽问我，这事真的就不能做吗？

我说：“也不是不可以，你拿自己的钱做就是了。”

羊叫兽那一晚上在我身边翻过来又翻过去，没有睡好。第二天，羊叫兽喊来了她的合伙人Luke，请我还有甜甜一起吃饭。

甜甜在聚美优品管理产品和工厂多年，对于护肤品市场颇有研究。

那一晚上的聊天内容，始于Luke的 “为什么”，结束于甜甜的“你做不了”。

后来我跟羊叫兽说：“叫兽，如果融不到资，你就跟Luke自己拿点钱，去找工厂做面膜，我支持你，全力支持你。”

很明显，羊叫兽不知道做个面膜要涉及这么多复杂的问题，不知道要周旋在传统企业的老板之间是多么心力交瘁，也不知道在众多的产品中要多少广告才能吸引一个用户，更不知道也许好不容易做了一款卖得不错的品牌说抄就被抄了。

她未曾经历过这些，这既是最大的弊端，也是她最大的优点，因为不知道前面路途荆棘，才能够不顾一切冲过去，享受风景而非战战兢兢。

我也曾是这样一个奋不顾身的人。

我的创业之路上有一段鲜为人知的失败经历。

当年在香港逛街频频购买一家独立设计师的品牌服装，甚是喜欢，后来便从店员小妹聊起，直到受到老板的接见。我一心想要做电商，便大方地包揽下整个内地的代理权，把身上所有的钱都投入进去。

进货价是六折，但凡做过服装品牌代理人的便知，这是一个极其昂贵的代理批发价。按照自己的审美和尺寸进了第一批货，回到上海便是找模特拍大片，这又是一笔不小的支出，紧接着又与当时风头正劲的某知名杂志旗下的电商合作，并且每件出售时要承担平台扣去销售额30%的利润。

当年的我，不懂得看数据，不懂得跟品牌砍价，不知道香港的尺寸原来比内地小很多，更不知道原来我的喜好并不代表大家的喜好。我为数不多的存款都投入到这个品牌里，买了一大堆的XS衣服堆在家里，最后以赔本收场，而且家里的衣服由于尺码太小送都送不出去。很显然，这次尝试失败了。

对前路无所知，最大的好处就是勇于去尝试。

后来再次创业，想要自己找工厂定做属于自己的产品，却各种犹豫，因为害怕失败，所以战战兢兢提前做各种规划，去向前辈导师请教。不久之后，我去北京拜访一家公司的总裁，他听完我的规划，很认真地跟我说："你最大的优点是敢往前闯，但是现在怎么瞻前又顾后了，你要知道你现在是0，你往前怎么走都不会变负数，你快往前冲啊！"

是啊，连我，都在数次跌跌撞撞后开始小心翼翼起来。

事业如此，感情也是如此。

《欲望都市》里凯丽在经历了无数的恋情后，最后在电脑上敲下这段话："在你年轻时你只会想怎么玩，你长大后就学会了小心翼翼，你要么摔断骨头要么是伤了心，有时候你看清楚也不会跳，因为不会每次都有人接住你。而且生活中也没有安全网。人生是什么时候失去乐趣并开始觉得害怕？"

是啊，什么时候我也开始失去奋不顾身的乐趣开始觉得害怕？

当然，我并不推崇一味地冒险，在我经历了一些小小的磕碰之后，我反倒更喜欢"奋不顾身"这样的词语，因为我们都要在摔摔打打中成长，在每一次摔打中懂得风险的所在，为下次的扬帆起航蓄力，让自己重新启动，归到一个"无知"的状态去，再去"无畏"地往前冲。

当然，人生也不用事事以结局为导向，以胜负定输赢。我相信，经历丰盈我们的人生，而奋不顾身带给你的风景，一定最与众不同。

少年，请跟我一起，往前冲。

全心热爱
当下的自己

不久前认识了一位十八岁的姑娘，我带她出席一场重要的活动，活动之前她专门去找了一家造型室做造型，然后来我这里化妆，准备了几套衣服问我哪套最好看，该怎么穿又怎么搭配最合适。说实话，十八岁的少女，怎样都是美的，不用胭脂粉黛也满脸都是青春的模样，但她坚持要化妆。

这场品牌开幕式，也邀请了一些名人，她身处在那个场合，怯怯地问我，该跟谁说话，有什么规矩，能不能跟名人合影或者加他们微信，我一一指点，告诉她该怎么做。

十八岁的她，骄傲又单纯，对这个世界刚刚打开眼睛，像极了十八岁的我。

很多人误以为年轻就是最好，并且觉得十八岁的光景如同人生的盛世年华，从此再也不会像十八岁那样，满怀着对未来的期待与自信，从此一步步走入新的世界。

其实当我站在二十八岁的当下往回看，我忽然不再惧怕时光的逝去与长大，曾有人问我，给你一个机会让你可以穿梭回往年中任意的一天或一年，你会怎么选择？

我回答，当下是最好的时光，过去的哪一天我都不想回去。

还记得我十八岁的时候，初到上海，就被这繁华的都市吸引得无法自拔，当时我对未来毫无概念，充满迷茫，并不清楚自己是谁。

那时候的我，微胖又自卑，学校里满是聪明漂亮家庭好的女孩子，而对比我自己，只是一个什么都没有的外来妹，我不知道如何留在这个充满魅力的城市，我能做的是从大二开始，投无数份简历，哪怕在名企里当个跑腿的也行，像个海绵一样疯狂吸收来自外界的养分，我知道自己如此普通，所以必须比别人更加用力。

我不仅自卑，还敏感，每当别人说我不好的时候，我总是想要证明自己可以做得好；每当别人价值观与我不一致的时候，我总想证明自己是对的。

在学校里，我总是怯生生的，不知道如何面对不同的场合，不知道怎么跟人打交道，不知道什么时候该说什么话。回忆过去，觉得年轻的正面固然有着无畏和满满的胶原蛋白，但是年轻的反面也有无数焦虑、纠结、自卑与恐惧。

站在十八岁的路口，我完全不敢想象十年后的自己会是如今这般的模样。

想起好友Daisy曾经说过的话：

二十岁和三十岁的心态有什么不同？其实每个人从二十岁走到三十岁都差不多，一样的懵懵懂懂。

二十岁出头的年纪，敢跟全世界叫板，完全没有办法想象三十岁的光景，觉得那是遥远的永远不会到来的年龄，年轻意味着可能性，还意味着容易被征服被引领。

而三十岁的时候就明白了，这个世界上有人喜欢你就有人不喜欢你，有人欣赏你同样也有人诋毁你。

从学校出来之后，面对这个社会，你不再是单纯的学生，你开始接触形形色色的人，开始经历或悲伤或喜悦的事情，你会被伤害，也会被拥抱，然后你开始慢慢知道自己是谁。

你经历了职场或创业的磨练，开始知道自己应该怎么说话怎么做事；你经历了恋爱与失恋，开始知道什么是爱与被爱；你经历了独自生活的时光，就会发现你爱跑步亦或是热爱社交，你甚至开始独自代表公司去谈判获得一定的成功与奖励，你被人穿过小鞋因此了解小人是什么模样。

你在成长的瞬间，开始了解自己是内向还是外向，喜欢什么方式生活，适合什么样的男人，能够在什么行业里站稳脚跟，你有过快乐和悲伤，也有过机遇和挑战，时间拿走你的胶原蛋白，却也开始教会你从容与淡定。后来的你，不再害怕与彷徨，取而代之的，是一个懂得感恩、懂得知足，向着前方大踏步前进的自己。

我从兜里只有三千块到拥有上百万，再到破产；我曾拥有爱情，到被爱情背叛；我曾反反复复长胖，又通过不断坚持锻炼拥有马甲线；我独自闯荡大城市，又背着行囊闯纽约；我结交了五湖四海的朋友，看过了更广阔的天地，经历过高潮与低谷，我再也不是那个怯生生的小女孩。如今的我，身处低谷向上看，处在高处向前走，懂得谦卑，也渐渐有了底气，有三五好友也有事业，我在成长过程中的收获，是让我能够享受当下，活出最美好的自己。

真的，我不想回到十八岁，我喜欢现在的自己。

后来我明白了，当你见到越来越多的人，看了越来越多的世界，你才会拥有谦卑与自信，当你每一步都走得踏实，全力以赴，你才会收获更多生活的果实。当你向阳而生，积极面对生活的各种变化，畅快地想，尽情地做，努力学习，积极健身，广交好友，出去旅行，你便不再那么慌张与惆怅，也慢慢让时光和经历雕刻出你最美的模样。

在人生的二十八岁关口，回望过去十年，真正能够做到感恩过去和畅想未来，我开始不再羡慕十八岁的姑娘，也不去害怕未来的模样了，因为经历让我懂得——

未来成为谁并不是重点，重点是，我们都会成为最好的自己，并且全心热爱当下的自己。

越努力，越有好运气

有很多人认为成功的主导因素是这个人运气好。

我不否认运气这件事，曾国藩曾自撰墓志铭：不信书，信运气。读书遍及经史子集的曾国藩告诉你，运气对一个人一生的影响实在不容小觑。

比如在风投领域，就有大牛曾经说过，成为投资人需要60%的运气，20%的资源，10%的努力和10%的天赋，因为风险投资这件事，越快得到消息越快掌握资源更快拿到钱，即便是这样，也有无数运气好的人不小心投中了百亿估值的生意。

我想把运气比作风，你无法要求它何时来，它来了你也不能拒绝，它不会在造访之前给你捎一封信让你万事俱备，如果你还没有能力接受它的馈赠，该说你是运气好还是运气不好？一句话，运气，它根本不受我们控制。

对于大部分普通人来说，运气归根到底是一个人的综合实力，集合了一个人的工作能力、抗压能力、复原能力还有抵抗寂寞的能力。

我曾在大学英语四级还没过的情况下，顺利进入一家顶尖的外资公关公司实习，负责过很多大型的奢侈品线下活动。这段经历看起来充满了运气成分，英语不好的我和外资公司究竟是怎样搭建起关系的呢？一句话，努力和勇气。

大二的时候我突然对公关产生了浓厚的兴趣，恰逢暑假，我开始为实习做准备。那么，我是如何从兴趣开始到获得offer的呢？

1.找到兴趣的落脚点，动用手边的资源去了解感兴趣的行业。

首先，了解一个行业听上去是很宏大的工程，但我只做了一件事，就是在网上进行了不同关键词的查找：服务奢侈品的公关公司、世界最好的公关公司、公关公司排名等。我根据这些不同的关键词查找出来的公司进行第一轮的筛选，选出了在上海有办公室的公司。

2.细分行业，以兴趣为导向锁定公司。

紧接着，我对这些公司进行分类，我发现尽管这些公司名字的后缀都是公关公司，却不能混为一谈。公关行业其实是一个大门类，每一家公司都有自己主营的业务和侧重点，区别很大，在做完基础的分类与筛选工作之后，我开始思考自己应该往哪个方向投简历。

在面对这个问题的时候，我根据自己的兴趣进行了排序。我在面临选择的时候都会问自己，到底喜欢什么，因为对于我来说，根据自己的个性与兴趣选择公司，远远比单纯因为公司的名气进入这家企业要重要得多。

3.紧紧咬住喜欢的企业，“不择手段”地投简历。

选完自己心仪的企业，进入到投简历的阶段。很多人认为海投简历一定可以获得好的机会，但是并不是一封简历投一万次，而是针对一家公司改一个版本，然后把这个公司所有能搜得到的后缀都投一次。

比如这家公司邮箱后缀是ABC.COM，我就会投遍所有网上能搜索到的这个后缀邮箱。其实现在想想，如果保安有邮箱的话，大概也会收到我的简历。

按照这个笨方法，我在投了一周简历之后收到了一些反馈，得到了一些面试机会。

面试的过程也是一波三折，最终我获得了一份实习机会，并且可以真正地与奢侈品进行亲密接触，去做以前很多从未想过的事情。

在面试之前很多人告诉我，大公司要求很严格，不会挑选一个才刚大二，并且英语不够好的学生，但我依然拿到offer。面对别人的询问我会说，只是运气而已啦，但今天我想说实话，从一开始我就野心勃勃地直奔目标，尽可能地去做足准备，机会是因为我的努力而得来的。条条框框锁住的是循规蹈矩的人，而非一个野心勃勃的人。

只要准备足够充分，好运自然会来临。

以前课本上有这么一句话："世有伯乐，然后有千里马；千里马常有，而伯乐不常有。"

在运气没有来临之前，没有遇到伯乐之前，你要学会观察这个世界，做足够多的调研，更深层次地了解自己，做自己的伯乐。

当然，运气这玩意儿是个很虚的东西，其实要想运气好，实力只占到20%，剩下的80%其实是我所提到的抗压能力、复原能力，还有抵抗寂寞的能力。

因为我们这一生，不可控的事情实在是太多太多了。

举个不太恰当的例子，2001年震惊全球的“9·11事件”，发生在华尔街的两栋大楼里。那里聚集了最优秀的人，他们接受最好的教育，工作在能创造更多社会价值的岗位，本可以拥有大把美好的未来，却在一个意外事件中葬送了生命。

这是个过于极端的案例，但是仔细想想，其实我们无法预测好运气，更无法阻止坏运气。但是最怕的并不是厄运降临，而是无数次在人生中出现的悲伤、痛苦、怀疑，让我们从此以为人生就这样了，因此自暴自弃再也不相信所谓明天会更好的话，因此一蹶不振，过着一辈子不开心、自我怀疑到死且再也不愿意翻盘的日子。

但是，我想以我所经历的一切告诉你们，所有发生的坏事，都不足以决定你一辈子的走向，翻盘的机会总是会有，镇定下来，去抓住属于自己的幸运。

我有个大学同学，她是班里为数不多依靠助学金完成学业的学生。她来自很偏远的农村，大学四年，她不仅要疯狂学习拿奖学金，还要接很多私活，要帮助老师做事情来赚生活费。

毕业前，她硬是靠自己整晚拍片剪辑，拿下了不少客户，成立了自己的影视公司。

可是故事不会这么完美地结束。

毕业后我们忽然得知她出了一场很严重的车祸，钢管从她的身体里穿过，她刚刚走上正轨的公司全部泡汤，男朋友也就此消失。身体上的折磨，事业上的失败，情感上的伤害，已经足以毁灭一个人的信念。

事情的发展和你想的一样，她又重新开始了。

我与她并非挚友，联系也并不频繁，但是在朋友圈里偶尔看到她，已经是某市的人大代表，又再次创业有了新公司，照片里的她总是一副阳光灿烂的模样。她朋友圈里很少提及悲惨的过去，比惨本就毫无意义。

我从未曾与她聊过天，但我单凭直觉，就知道她在每一个艰难的日子里，是如何擦干眼泪，逼自己积极地面对生活，去与命运抗争，把一手烂牌打得精彩绝伦，让人拍手叫好。

生活很难，但比难更可怕的是你从未相信未来的美好和幸运，放弃了自己做梦的权利和追梦的脚步。

遇见未知的自己

PART 2

如果你想要撑起自己的野心，别嫉妒别焦虑别懒惰

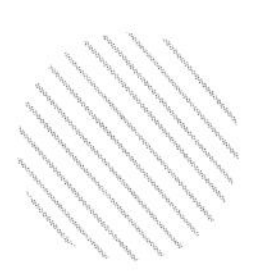

⊠

知道自己是谁，比别人认为你是谁更重要

不久前我认识一个姑娘，她以前是上海一家公司的普通职员，后来无意被一家网红孵化公司发现，签约成为时尚类网红。

姑娘貌美年轻，却没有什么硬实力，唯一的竞争力就是会撒娇，哄得老板极其开心。网红公司的老板有很多品牌资源，在为公司的大网红接广告的同时也顺带为这个姑娘接了不少广告，让她赚得盆满钵满。

日子久了，姑娘膨胀起来，我与她在一次活动上相遇，发现她已经是大明星的配置，身后跟着助理和造型师。当发现

品牌方没有给她安排单独化妆间的时候，直接甩脸色给品牌方看，弄得场面极为尴尬。于是品牌方直接换人，让她立即离开。姑娘哭哭啼啼地回到公司抱怨，以为自己能够获得一票同情，没想到老板更加生气，加上姑娘自身实力和人气都不足以支撑她在公司的地位，久而久之她便渐渐消失在大家的视野中。

老板甩给姑娘最后的话是："我们给你品牌代言是为了抬高自己家的门面，你非但不感恩，不赶紧提高自己的硬实力，还真把自己当大牌明星了，你这种人不配在行业里混，滚回去当你的小职员吧。"

时代催生出网红这个新行业，向来越是挣钱快的行业越是残酷的行业。今天你因为年轻貌美，拥有了入这行的门卡，但是真想要往上走，总归要提高自己的核心竞争力，懂得护肤、懂得美妆、精通造型搭配，自己真正拥有什么要拎得清。

市场永远是最好的检测器，它给了你红的机会和赚钱的机会，但更重要的是清楚自己有几斤几两，知道自己是谁。我认识的那个姑娘败下阵来最可怕的一点，便是因为别人顺手给她的品牌代言催生了她误以为自己是大牌明星的错觉，并非自己真正的实力获得。她认不清这点，也搞不清自己的真正地位，更无暇真正沉下心来琢磨自己的核心竞争力，因此惨遭市场淘汰。

创业这么多年以来，我一直跟自己说的一句话是："知道自己是谁比别人认为你是谁更重要。"这句话，不管人在高处还是低谷，同样适用。

创业后有一段时间我一直都处在低谷，守着半死不活的业务，搞不清楚战略方向，公众号也常年没人看。在2016年里，周围的人对我说过最多的一句话是"这事你做不了"。写公众号也是一样的道理，我在硅谷的时候有朋友看我苦苦写篇稿子发出去也就几百个人阅读，推心置腹地找我聊天告诉我："你写文章百分百是不行的，你有那些写文章的工夫不如跟我做买卖，可能投入产出比更高一些。"无数的质疑和打击向我涌来，时常压得我喘不上气。

那时候别人眼中的我是失败的，一个单身女性在外打拼漂泊，事业、婚姻，统统没有一份完美的答卷。

然而我从未因为别人眼中的那个我而改变过自己，我知道自己每一步走得踏实、走得稳健，我知道我的公众号看的人少但是数据在缓慢上升，我知道我的写作水平因为积累而有提高，我也知道品牌建立非一日之寒，我更知道对自己足够了解才会遇到最好的爱情。

我在低谷里缓慢走来，我无须跟任何人证明自己，我知道自己在哪里，更知道这条路通往哪里。

低处知道自己是谁，是为了能够抵御来自外界的侵袭，更是一种自我疗愈的能力，让你在本来就很难的日子里，一点点朝着自己的方向前进。他人的质疑、不解终归无法阻碍你日渐强大的羽翼，你始终都知道，你能够得到想要的生活。

而人在高处，知道自己是谁更重要。

几年前我在美国采访过木心电影的制片人久安，与她成为忘年交，时常一起喝茶聊天。她是20世纪80年代最早一批留学美国的才女，当年她曾在一家知名的出版公司工作，那家公司地处于时代广场的中心，她的办公室有一面落地玻璃窗刚好正对着时代广场。时代广场上车水马龙，还有那些巨大的LED电子屏，如同来自闪耀的未来，照射着久安无限光彩的人生。

当年的她身处光环闪耀的美国公司，比大多数华人拥有的多得多，她也深信一句美国的谚语："If you can make it here, you can make it everywhere.（如果你在纽约能够闯荡成功，你去哪儿都可以成功。）”在那样的环境下，她觉得人生仿佛从此可以披荆斩棘地闯出一番天地。

是的，人在高处的时候，最容易因为外界的光环而使自己有一种登上人生巅峰的错觉，从而忘记了自己真正所在的位置及能力。

后来久安受到别人的鼓动决定自己出来创业，才意识到当初受到万人追捧是因为自己所在的公司，是公司给予她的职位与光环，而非她本身。当她自己出来创业之后，并非之前那般顺利，遭到很多打击与质疑，也因此更加清晰地认清了自己。

知道自己是谁，是因为在这奔跑的路上，有太多的人和事会干扰到我们前进的步伐，有时候是你的绊脚石，有时候是你的遮光镜，尽管如此，我们始终要知道自己的位置、能力、性格，还有想要到达的地方。

每一个人都要学会摒弃外在的声音去聆听自己的内心，是外向还是内向，天赋在哪里，优势在哪里，缺点是什么，你想要披荆斩棘地去做追梦人，还是要怡然自得地去过自己的小日子……了解自己，才能够在人生的路上走得淡定和从容。

低谷里忠于内心，执着努力而不要在意他人的议论；高处时认清自己光环的来源，分辨周围的真心与假意。我们都要在认清自己是谁之后，才能撇弃那些外在的是是非非好好坏坏，迎来我们的盛开时节。

你失败的样子真好看

从前很喜欢“成王败寇”这个词语，它隐隐地透着一股霸气，暗藏着“我成功了，我可以称帝称王，谁都要给我让路”的一股杀气。

这几年不喜欢了，因为人不可能永远在那个成功的位置上。比起称王，我们更常要面对的是，失败。

喜欢失败的样子，因为失败的姿态，决定了日后的成就与反击，也是因为失败的样子，才能看出一个人的归属。

失败的意义，远大于成功。

失败分两种，一种是在成功之前的摔摔打打，这种人生曲线是这样的——

多年前，有人第一次问起美团网的创始人王兴创业的优势是什么时，他咬牙想了半天，蹦出两个字“勇敢”。

是的，在互联网界，王兴是失败多次的连续创业者。

2003年王兴中断了在美国的学业，拉着同宿舍的兄弟开始创业，折腾过“多多友”等好几个创业项目，都以失败告终。

2004年他创立了校内网，但是2006年融资失败后他只能把项目以非常低廉的价格卖给了陈一舟，后来大家都知道，校内网改名为人人网，从日本软银融资3.4亿美金，后在纽约证券交易所上市。

2007年王兴创立了“饭否”，但是2009年再度被关闭。

直到2010年他再次出手，团购网站美团上市，到2016年1月，美团完成融资之后，公司估值达到180亿美金。

十年创业，N次失败，并没有让他失去信心，而是在一次次磕碰中飞跃。我在一篇深度解析中看到有记者分析：“王兴除了学习产品，还研究从融资推广运营到管理的一整套商业智慧。青春永远不白费，所有的积累都是在为将来的爆发积蓄能量。”

这样的故事你们一定不会陌生，那些但凡在事业上获得不俗成绩的人背后，一定是一部无比艰辛的血泪史。

另一种，则是被命运早早推上人生的高峰，再重重摔下，然后重新爬起，这种人生曲线是这样的——

在综艺节目《奇葩说》里关注到范湉湉，一个年过三十的上海姑娘。我以为她是一匹大器晚成的黑马，后来在媒体报道上看到她自爆少年故事才知道她属于早早得志的人。

她青春期出道做主持人，拿到的是刘德华的访谈，十六岁出国去日本采访小室哲哉，二十二岁签约了周星驰的公司，在《功夫》里饰演一个配角，有长达一分钟的镜头，以及一句台词，然而她却万万没有想到，之后被公司雪藏长达十年。

后来在《奇葩说》的舞台上，她分享自己的人生经历。雪藏的十年，她从公司前台做起，做到市场总监。也曾是北漂，与一个导演相恋多年未果。她曾回忆自己住在地下室的日子，失恋的日子，跑龙套的日子，少年时期早早被推上巅峰，之后是漫长而望不到出头之日的路程。网络上有这样一段话评价她的这些经历："走过上坡路的人再走下坡的路，比一直走平路的人再走下坡路，要感到辛苦很多。"

早早地一路小跑以为登上人生巅峰，却在后来直接被命运摔下谷底，她在用耐心去熬自己的岁月。直到今天，她才再次活跃在大众的视野中，大家眼中她是辩论手，而她自己则一再强调“我是一名演员”，无数次的失败以及各行各业的经历从不曾毁灭梦想，而是一次次坚定了她所选择的职业。

倘若纵观我们的一生，其实谁都不可能一路高歌勇猛前行，也许在你无法预知的某个阶段，被炒了鱿鱼，被资本踢出局，甚至是被动离婚，我们总会遇到各种各样釜底抽薪的事情，就好比抛物线到了最顶端，势必便是下行，而下行的意义远比往上走要大得多。

当然，失败的意义是更重要的，正如我喜欢吴晓波曾写过的一句话：“在任何一个商业社会中，成功永远是偶然和幸运的，而失败无所不在……失败并不可怕，甚至还值得期待。”

一方面来说，因为失败而带来的经验教训，其作用是不可比拟的，摔过的跤踩过的坑，亲自感受过才能在未来的道路中轻松避过。

比如王兴，他在一次又一次的失败中不断调整、总结经验教训，然后成就了今天的美团。

另外一个层面是，只有失败，才能够在低谷中更加清晰地认识到自己的优势和劣势，以便调整人生的方向，再度起航。

比如范湉湉，她在摸爬滚打后更加坚定了自己做演员的职业理想，并且在日后得以实现。

最近在看的一本书叫《东山再起》，整本书提及各大名企公司的高管甚至CEO，他们在面对被公司解雇或者职场的突变后，开始重新思考自己的生活与事业，甚至开始重新定义成功，用全新的视角去看待现状，并且认真花时间进行自我认知和评估，再次前行的时候，往往能够走得更加顺利和精彩。

好比为嘉信理财公司（美国最大的金融服务公司之一）效力二十多年的大卫从CEO位置上退下后，他不再全职工作，而是去沃顿商学院教书与做慈善，他说："失败让你有机会朝着不同的方向重塑生活，并且可以重新定义成功。"

每个人都应该具备反弹的能力，比成功更重要的是，从不忽视自己的努力，从不沉溺于自我的失败，让人生的每一步，都是有效的前进。

光漂亮是没有用的

前阵子去做指甲的时候，听到做指甲的小姑娘在跟客户套近乎：“姐，你做的韩式半永久眉毛真好看。”顾客笑笑说了声谢谢。

“我们这儿最近有水光针还有瘦脸针，你要不要试试看？您看您五官比例这么好，就是两腮有点胖，打个瘦脸针再加个水光针，绝对比现在还要年轻一倍，瞬间就十八岁了！最近我们店庆打折，价格也好，你真的一定要试试看。”

顾客有点犹豫，回复小姑娘：“谢谢你，我怕有风险，而且我们的工作也不太看脸。”

小姑娘还是不死心："哎呀，都什么年代啦，工作不看脸出去总归要看脸的嘛，老公也要看的嘛，钱花在自己身上最值得啊！"说完看了我一眼。

我冷冷地回复道："小姑娘，这个世界，不是光看脸的，除了折腾脸蛋，最好还是多看看书，充实充实自己吧。"

瞬间空气都凝固了，最后我在一片安静祥和中做完了指甲。

我承认，这个世界有很多时候都是以貌取人的。以前看过一个广告片，一个小姑娘身无分文在街上请求陌生人的帮助。当她衣衫褴褛又破破烂烂地出现在路边街头，多数人都火速远离了她，当她脏兮兮地走进饭店，店员也恶狠狠地把她直接赶了出去。而当她在造型师的手底下梳洗干净打扮整齐，甚至给她换了一套很可爱的套装之后，奇迹就出现了，陌生人们纷纷主动伸出援手帮助她，走进饭店，店员还很亲切地询问她是否找不到妈妈，主动为她送上饭菜，还帮她联系家人，最后她在店员们的帮助下回到了家。

漂亮的小姑娘总是可以依靠一张脸蛋和撒娇分文不花地行走江湖，同样大家对待外表不佳的女性总是更加刻薄。

但是大家有没有发现，美貌用在置换这种相对低的资源上，基本上都是可以起到作用的。一个漂亮的姑娘，可以让人请吃一顿饭，也可以让人为你买一件衣服甚至一个包，但是单纯只有美貌，其他什么都没有，能够让美貌如同多啦A梦一样，为你换回一个美妙人生吗？

我周围不乏漂亮的姑娘，她们积极努力健身，勤勤恳恳敷面膜，兢兢业业克制饮食， 但除此之外，她们也花费大量的时间进行学习和充电。她们大多数活跃在名利场或者创投圈，但每当她们获得了不俗的成绩，总是会有人酸酸地说道："她不就是长得漂亮点嘛，有什么了不起？"但是这些人永远不知道，自己打游戏追剧的时间，别人都是在学习、在健身、在自我改变。

说这些话的人，大多数高估了美貌的价值，我身边的一个闺蜜，去年刚刚创业拿到融资的时候果然就有人跳出来说："你不就是因为长得好看才拿到钱的吗？"这人天真地认为，长得好可以换来一份理想而又光鲜的事业，但你再细想一下，投资人给你五百万，指望的是你能够在资本市场上为他赚十倍、二十倍，甚至上百倍的收益，这是残酷而又血淋淋的现实，而这个赚钱的能力，是远远胜于一张美丽脸蛋的。

美貌最多给人们带来第一块敲门砖，但在真实的世界拼杀的时候，美貌是极其没有竞争力的资源。美貌可以带给一个人自信和机会，但是实力或者是品行上有残缺，都会让一些漂亮姑娘在成功路上过早夭折或走向弯路。所以光漂亮这件事也不是万金油。

除了创业，在职场上也是完全一样的道理，以实力说话的时候，长相是加分项，实力不够的时候，长得再美也是一只没有用的花瓶。所以自以为长得漂亮就可以赢得美好人生的想法，实在是高估了美貌所带来的价值。

即便是在以貌取人的娱乐圈，除了美貌，大家也要拼演技、拼人缘、拼情商、拼商业头脑，放眼望去，现在的娱乐圈，哪个不是有颜又有才的呢?

而年轻貌美有时候也会带来反作用。因为年轻貌美，所以容易被诱惑，得到本不应该属于自己的资源，而我们却总是在年轻的时候尚未懂得：我们不可能永远年轻貌美，当时光流逝，美貌不再给自己的生活添加红利的时候，得失心太重，反倒会迷失了自己。

人生是一场漫长的马拉松，谁也不知道什么时候到达终点，谁也不知道这条路上我们会遇到什么突发情况，朝前看努力奔跑，保持积极向上的态度和心情，才是第一优先级的事情。任何捷径和取巧，都承担着一定的风险，也存在着偏离目的地的意外。

时间让我们无法永驻青春容颜，美貌只是前半程的一瓶饮用水，解得了一时的渴，获得一定的加速属性，却不一定能让你就这样顺利到达终点，水喝得多了，可能后半程就跑不动了。所以拥有美貌的人，更应该不断积累自己的实力，才能在人生的路上走得长远。

姑娘，你没想象的那么“贵”

很多人看我外表光鲜亮丽，但不了解我的人可能一点都不信，我并不是一个很“贵”的姑娘。我只有一支口红，色号不明，我觉得涂着挺好看就买了。二十五岁之前我的护肤品是大宝SOD蜜，我现在背的包是在美国商场买东西赠送的，最近爱上了安踏的小白鞋，一百多块人民币，穿在脚上快活得不行，什么衣服都好搭配。

有的时候合适比“贵”更重要，口红够用就好，护肤品适合就行，鞋子百搭就完成了最佳使命。穿着这一身行头逛街的时候，我依然自信十足，这种自信，源自于我对自己内心深层次的认知，而不是需要金钱来让自己显贵。

我清楚在创业初期，该省的钱就得省，赚到的钱给员工发工资做福利好过买一只新款包。我也很清楚地意识到，随着我事业的稳步上升和财富的逐渐积累，再贵的包我都买得起，再好的护肤品我也用得起，但合适比一味地追求昂贵更重要。

有很长的一段时间，在各大媒体上都会看到大家鼓吹“你很贵”的概念。

姑娘你很“贵”，你的脸是会呼吸的人民币，姑娘，你的面膜很贵，眼霜也很贵，你攒钱买了CPB，之后又想买奥尔滨，心心念念惦记着爱马仕。

姑娘你很贵，你买点贵的东西，就不会因为一顿廉价的饭跟着小气的男人走，也不会让那些男人送你不走心的礼物，你要让那些男人知道追不上你。

真抱歉，我接触了无数出身名门和有钱的姑娘，没有几个天天嚷着自己“贵”。

什么是真的“贵？不管对自己还是对他人都是一个道理：

内心拥有笃定的力量。真正的贵是一种状态而不是身份地位的象征，是对自我的认知，贵贱美丑只是自己的评判，而绝无教科书般标准的定义。

前几天我在一个高端创业群里看到一位姑娘在美国参加一场极其高端的活动，活动上大腕云集，邓文迪、刘雯都去了，我顺便去这姑娘的微博看了看，发现她体型微胖，并不是网上千篇一律的大长腿形象，在她晚宴照片的下面有不少粉丝留言：

“你腿有点粗，不是很苗条。”

“你有点胖，瘦点就好了。”

她嘻嘻哈哈地转发了微博，说，“是呀，我的确不瘦，但我喜欢这样的自己。”

在全天下的女人都想要减肥要完美曲线的时候，什么样的女人能够怡然自得接受自己并不完美的身材？是她这样底气十足的女人，这种底气，不仅源自于原生家庭的自信，也源自于对自己正确的认知。是的，我是腰不够细腿不够长，但我事业优秀，气场十足，胖点又有什么问题？我喜欢这样的自己，也不为此烦恼，外在的东西永远比不上我内心的富足。这样的姑娘才是真正的“贵”。

这种“贵”的底气，才能让一个女人，不管是穿着爱马仕还是优衣库，都能够又美又从容。

有人曾经说过："一个女人可以用化妆品使她出一出风头，但是获得别人的喜爱，还要依赖她的人品和处世手段。"

在爱情里也是这样的道理。在如今这个年代，凭借外在吸引来的爱情，如果没有内在作为支撑，本就是一场海市蜃楼。在电视剧《欢乐颂》中，富二代曲筱绡和男朋友赵医生、霸道女总裁安迪及其男友一起打牌，因为听不懂安迪谈麦克白夫人的玩笑，而让自己瞬间成为牌局中最尴尬的存在，也让赵医生意识到两人不可逾越的鸿沟。

这样的故事在现实中不在少数，姑娘们也越来越明白：单纯拥有华丽的外在而缺失内在的修炼，只会让自己更加没了格局。

但是买贵的东西给自己，是自己努力的动力，成长的勋章，正如我的粉丝Kiki所说："作为学生党虽然没什么钱，但平时买东西都是在自己能力范围内买质量好一些的。贵不是奢侈品的堆砌，而是自己的品位和气质的突显。不得不承认，贵的衣服在剪裁、色彩搭配、布料上更胜一筹；贵一些的护肤品用起来肤感更好，调理修复作用也更显而易见。这些都是设计师及研究开发者们的工作成果，自然值得更高的价格。

“虽然我自己没有买过很大牌的东西，这些都是我在用了比之前好一些的东西之后的认知。我认为贵还有一样东西可以展现，那就是气质。平时保持挺拔的站姿和坐姿是不需要花钱，但回报很可人的做法，我觉得身姿挺拔穿一件普通的衣服比含胸驼背穿一件贵的衣服更吸引人。气质当然是需要阅历和见识的积累，学生党急不来，还需要慢慢努力修炼。”

没错，贵是一种内在的修炼，是内心笃定的力量，而绝对不是一张人民币堆出来的脸蛋。

姑娘，你没自己想象中的那么贵，而你走过的路，说过的话，修炼过的内心，才能让你成为由内而外的“贵人”。

先成为自己的贵人，人生自然一路富贵。

心中的热爱，让你拥有不一样的光彩

不久之前我做了一次读书会，跟大家探讨生活。

其中有一位姑娘，跟我们说起她学画画的小故事。姑娘结婚后，觉得生活日益单调，开始在每周一三五的晚上专心学习画画。但是没画多久，便引起了老公的不满，因为原本应该和老公交流的时间被压缩，她一旦开始画画，注意力高度集中，更无暇顾及她老公，为这个事情两个人争吵了大半年，终于老公妥协，给她足够的空间与时间绘画，两个小夫妻就这样过着不咸不淡的日子。

生活的转机出现在一年后，姑娘越画越好，每周画画的那三天，成为留给自己的精神空间，她在独自专注画画的时光里，重新思考生活与世界。忽然有一天她发现，她的先生开始不自觉地跟周围朋友炫耀她的作品，而她与先生之间，也开始有了新的话题。

除去日常的生活琐碎，她因为专注在画画里，开始焕发出新的生命力。她不再是那个被一地鸡毛缠身的女人，更不是那个每天想着老公去哪了的女人，她成为有自己的爱好，有自己的空间，也有自己的思考的女人。她因为自己的这个爱好，一点点蜕变，更加会生活懂审美，开始重新添置家里的小物件，让家里温馨起来，越发的有趣又可爱。

所谓气场，除了我们都知道的与外表、阅历、经历相关之外，其实还有很重要的一点是培养自己的爱好，不同的爱好带给你的，不仅仅是在繁杂生活里你独有的精神空间，更渗透在你生活的方方面面，影响着你成为一个独特的人。

我曾经有个异性好友，论长相能力都很一般，但是唯一的爱好就是打篮球，因为这个爱好，每周六日都组织和号召朋友和同事出去打比赛。为了能够打得好，他分配不同的人进不同的队伍，参加公司比赛之前，他打印好需要准备的资料和对手信息挨个发给大家，还为大家准备好水和毛巾，提前安排好横幅让公司里的其他人来为他们加油，甚至提出建议让大家买为期一天的人身保险。

久而久之，原本平庸让人完全记不住的他，竟然在篮球比赛中让大家感受到他是一个组织能力强，且细心有担当的人，而他也因此获得了领导的注意及好评，在职场上得到了晋升。

你发现了吗，他们的爱好在潜移默化中强化了他们的魅力，也让他们开始有属于自己独特的光芒。

网上有句流行语：你现在的气质里，藏着你走过的路，读过的书和爱过的人。而我还要补充一句，你的气质里，还有你的爱好与兴趣。

在我们繁忙的生活中，也许你并没有那么多时间去走遍这宽广的世界，也许你也没有爱过那么多的人，但是你总可以培养兴趣爱好，这足以让你充实自己的内心，让你发现自我，找到自我，探索更多乐趣。

我们都曾迷恋过那个球场上潇洒的男孩，不管他平时多么平凡，因为他们在球场上的专注，总是可以散发出迷人的气场和味道。

我那个曾因为失恋而深夜痛苦的闺蜜，去参加夜跑团、插画班、健身课，这些兴趣与爱好，将她从泥潭里拉出来，让她焕发出新的生命力，重新找到自我。

还有我那个纠结在婚姻关系里总是在想老公在哪的女朋友，因为开始专注于烘焙，摆脱了自己的疑心病，不再自我纠结，重新开心起来。

终有一天，你会恍然发现，拥有一个兴趣和爱好，可能会让你更加自信迷人，可能会让你重新找到自我，也可能会让你在未来平凡的日子中重新发现自己身上的闪光点。

不用太在意你爱好的类别，男人可以织毛衣，女人可以打游戏，重点是你喜欢你愿意你专注你开心，也许在未来的某一天，你会感谢当时自己的那个决定。

注重过程而非结果，学烘焙并非要成为五星级饭店的顶级厨师，学画画也未必需要成为知名画手，享受其中，你可能会获得一种新的思维方式，结交到新的朋友。小时候，我学琴棋书画，虽然没能样样精通，也未能从事相关的职业，但我的父母告诉我，我现在学的一切，都会潜移默化到我身上，成为我气质的一部分，这也是它们的意义所在。

兴趣不一定会成为你的职业，大多数热爱的事情变成职业后都会失去其本来的乐趣，所以不如把兴趣与职业分开，工作的时候全心工作，给自己的爱好单独开辟出一片新的天地。

在爱好里发现自己的优点，你或许擅长沟通，或许能画出最生动的花朵，再或者能够打得好保龄球……这些小优点会让你越来越与众不同。

去享受一件你热爱的事情，在平凡生活里，学会培养与拥有自己的兴趣爱好，制造自己的独特气场，让那个平凡的你散发出不一样的光彩。

你有多闪耀就有多讨厌

多年前我喜欢一位女作家，她叫王潇。从2009年开始关注她的微博，看她写文章，开公关公司，写书创业。她积极塑身，晒出二十岁的Baby fat和三十岁利索的马甲线，她进行严苛的时间管理，每年每个月都在不断强调“今年的几分之几已经过去”。

那时候我刚上大学，体重飙升至120斤，周围是来自全国比我优秀貌美的同学们，心生自卑，未来尚不清晰，一切迷茫无序。

之后，王潇结婚生子，随即选择放弃经营不错的公关公司，做了她的第一个创业产品——手账本。我买了她的手账本，却没有毅力按照她的方法进行自我管理，本子被丢弃在一边，我还是原来的那个我。

恰逢四级考试失败，心情沮丧得一塌糊涂，我甚至有点嫉妒她，她如此闪耀，过得那么如意，再看看自己，不过是个闯荡大上海的普通女青年，连英语四级都考不过的loser。

时间不会同情任何人，沮丧和焦虑不会给我带来任何改变。打电话问我爸妈，我该怎么办，我妈不以为然："是你自己选择去上海，你得为自己负责，不然你就毕业回家找份工作老实待着。"

不，我不想就这样找份普通的工作朝九晚五，也不想回到安逸的家乡了此一生，我决定为自己的人生拼一拼，那股对未来的憧憬，让我清醒。

我把早饭的蛋黄海苔饭团改成燕麦，中午的牛肉面改成蔬菜沙拉，我每天看一遍王潇的马甲线，晚上绕着寝室后面的操场一圈又一圈地跑步。晚上回来后，看学校网站上的各种实习信息投简历。我对自己说："不管结果如何，我都要试试。"

让我真正脱离负面情绪的是这件事。辅导员在找国家广电总局上海外事办处的实习生，我反复修改了简历发过去，幸运地获得了实习机会。几个月内，我独立接待各国外宾和政府高层，各方面的能力得到了锻炼和提高。而我获得这次实习机会，还有一个小秘密是，由于这个实习机会看上去要求过高，我们班里竟然没人报名。

之后我明白，当你开始不甘心过平凡的日子时，你能做的就是提升技能，看清自己，承认现实，了解规则，拼尽全力。

我也忽然明白，我当初所有的嫉妒和焦虑，都是因为我不甘于平凡，又没有实力。

想要一个好的未来，光有野心没意义，需要把野心化作执行力。

我的人生没有奇迹，没有一路开挂，我走的每一步都实打实地踩在地上。我从创业到开公众号，日日夜夜都在摸索商业模式和写作方法。坦白说，我很自豪自己的成绩，因为每一份成绩，我都可以骄傲地说，这是不拼爹没背景、单纯依靠自己获得的。

前几日我收到一位姑娘在后台的大段留言：

关注你的公众号有段时间了，说实话，最开始有点讨厌你。而我讨厌你的原因，无非是觉得你把自己包装得太耀眼，三不五时地提到自己有多优秀，字里行间给人一种傲慢感。但是相对的，你的一些观点我依然是认同的，之所以没有取关，是因为你的的确确有炫耀的资本，你的才识和阅历，能够撑起你的这些骄傲。

同时我始终很清晰地知道，我对你的不满，归根结底来自于我对自己的不认可。年纪轻轻结婚生子，事业、经济状况一塌糊涂，不甘于现状又难以改变，让我这几年生活得很糟糕。

对你而言，好的人生也许有两种，要么驾驭起自己的野心，披荆斩棘一路高歌，要么安于平凡，脚踏实地照顾好自己的小生活。但我相信大多数人，既没有撑起野心的实力，也没有安于平凡的觉悟。比如我，不是不知道如何开始，而是不知道该怎样去坚持。生活的琐碎给了我们太多理由选择放弃。读你的文章，总有一种如鲠在喉的感觉。所以写这段话给你，算是宣泄一下心里的怨念。

是的没错，生活无非两种，安于平凡的小生活，和一路高歌的野心勃勃，这无非是人生的选择，没有对错。

但是大多数的人，总是这山望着那山高，一边觉得成功轻而易举，另外一边又从未行动起来，在间歇性踌躇满志之后，最终无可奈何地接受当下的生活，然后对那些超越自己的人嗤之以鼻。

你讨厌那个考上哈佛的同学，讨厌那个成为网红的姐妹，也讨厌嫁了有钱人的邻家小妹，他们有多闪耀，你就有多生气。明明大家曾经都差不多，为什么他们却默默超过了自己？

在心理学上有一个词叫作“嫉妒心理”：嫉妒别人超越自己，或是可能超越自己时产生的抱怨与不满，这种情绪是建立在没有实力，或不想再以实力超越别人，而只是想通过贬低或重伤别人而维护自己的一种心理情绪和行为。

实际上，那些默默赶超你的身边人，都付出了你所看不到的努力。考上哈佛的同学日夜挑灯念书从未休息，那个成为网红的姐妹每天拍视频卖衣服带团队，那个嫁了有钱人的邻家小妹会烘焙会画画厨艺好，而你，只会躺在床上刷微信。

如果你甘于平凡，那就安安心心过好自己的小日子。

如果你想要撑起自己的野心，别嫉妒别焦虑别懒惰。

学会分析自己，寻找合适自己的人生路线：嫉妒别人拥有美好的恋情，那就在感情上加以经营；嫉妒别人有勇气追求自己想要的事业，那就重新规划自己的职业生涯；嫉妒别人肤白貌美，那就找到自己的风格，加强锻炼。

有技巧地提升自己，写下自己的优缺点，利用长板效应，让自己的优点在生活里发挥到极致。也试着接受自己的缺点，比如你的确没有别人家庭好、智商高，那就心存感激，为所拥有的东西感到知足，好好努力，别找不痛快。

不是行万里路才算是开拓眼界，真正的开拓视野是跳脱目前的思想格局，不以现状判断未来，学会探索和发现自己的潜能，比如学一门新的语言，交一个新的朋友。

要明白，没有所谓完美的人生，再夺目的聚光灯下，也有阴影，即便是你羡慕的人，他们也有自己的苦恼。比如我自己，也在迷茫和焦虑中逼自己前进，即使前方黑暗，伸手就会碰到荆棘。

让我们一起做个闪闪发光又讨人厌的人吧！

我才不要做个女强人

2017年初，我曾作为KOL（意见领袖）被英国领事馆邀请参加了一个“做你自己”的公益活动，其中有个环节是分小组讨论“你最讨厌别人给你什么样子的标签”，轮到我的时候，我毫不犹豫地说我最讨厌别人喊我：女强人、独立女性。

似乎女人被这两个标签贴上后，女人就不再是女人了，而男人也会敬而远之，因为他们狭隘地认为女强人上可换灯泡，下能通管道，出门能赚钱，回家能做饭，没有悲喜也不需要男人。

做女强人，也要做个敢爱敢恨的女强人。

很多人加我微信聊了没几句就会称赞道：哇！你真是个女强人。

那个时候我总会一本正经地反驳：no，我是一个正常女人，也是一个有梦想的强人，但我不是你说的女强人。

我是人格独立，我是能赚钱，但这不代表我不会难过不会哭，更不代表我不需要男人。

曾经跟闺蜜聊到现代女性，好像现在独立女性被过于妖魔化，一旦被贴上独立女性的标签，就没有了悲伤的权利，也没有求助的资格，因为我是“女强人”，苦难都要自己扛，因为我是“女强人”，我就应该冷漠无情，应该关闭所有的情感，连在深夜里痛哭的资格都没有。

前几天因为创业的压力太大，发了一条朋友圈说自己最近心情沉重，发完后，却有朋友问我：你这么独立，怎么会难过？

我没有回复，也没有再看其他的留言和评论，那一刻我有点伤感，带着笑脸独立了太久，突然受伤了，流泪了，告诉大家我累了想歇歇了，但最后连忧伤的权利都不配拥有。

我一个姐们就受到了所谓独立女性标签的负面影响。她是一家公司的高管，大气优雅能力强。最近她谈了一个男朋友，吃饭跟她AA制，旅行跟她AA制，有一天晚上，我接到好友电话：“你来公司接我一下，我现在痛经感觉人不行了，需要求助！”电话那头的好友有气无力地跟我说道。接了电话我二话不说立刻打车去了她公司，把她送回家，给她买好红糖，扶她躺在床上，给她叫了外卖，安顿好之后我忽然缓过神来：“哎，你那个新交的男友去哪了？”

姐们有点委屈地说道：“他坚信我是个独立女性，什么都能自己搞定。”

我立刻火冒三丈：“什么莫名其妙的理论，独立女性代表有能力独挡一面，但不代表不需要人宠不需要人爱啊！有这种思想的男人真的还是分手吧！”

她悻悻然地喝了口红糖水，默认了我的话。

试想一下，有谁愿意独自面对这一生的风雨？回到最本质的生活，我们都希望有温馨的家庭，三两好友，若干闺蜜，共同承担风雨，共同分享喜悦。

倘若一个男人因为你是独立女性而不去关心你呵护你，或者一个女人因为一个男人可以独挡一面而不去支持他赞赏他，那这段感情还有什么意义呢。

生活上，人人都该具备一定的独立性，会开车会修马桶会应对生活扑面而来的琐碎与危机，这是现代人应该具备的基本生存素质，这一点不分男女。

网上曾有个段子流传甚广——

做一个独立的女人，不以物喜不以己悲，乐观坚强不依靠男人，不装可爱不撒娇，直率简单不耍心机，这样坚持下来你不但嫁不出去，还找不到男朋友。

看到这个帖子的时候，我正在喝水，一口水呛得我半天没缓过来。

世界上每个女人都各有各的精彩。但作为女人，如果能做到任何时候都波澜不惊，平稳控制情绪，不以物喜不以己悲，我觉得完全失去了作为女性的乐趣。

我明明就是买个包包会很开心地笑，看个韩剧放肆地哭的可爱女人啊。

我们拥有一个人解决和面对问题的能力，但我们也会因为生活的种种而产生焦虑和悲伤的情绪，不管男人还是女人，我们也始终希望自己如同孩子般，被人宠爱被人呵护，有人支持也有人保护。

我们的独立、坚强与乐观应该放在事业上，而不是在生活和感情上，如果生活和感情中遇到挫败，理应给自己难过悲伤的权利。

身为女人，我从不推崇依靠男人去获得不属于自己的东西，但是或许在爱情里适当地依赖会让你更快乐，不装可爱不撒娇在事业上是专业的体现，回到家里反倒是需要撒娇增添些情趣。

当然，我也不是提倡女性去做个生活上的白痴，毫无生存的独立性。

我有一个关系很好的姐妹，在美国念到了博士后来做了全职太太，她住在旧金山附近的小镇，我每次去都特别想找她出来喝茶聊天，可是她出行的时间都要按照她老公的出行时间来调整安排，因为她完全不会开车，从来没有独自离开老公出行过。

不知道为什么想到这一点的时候有点替她担心，万一出现任何突发状况需要她担起这个家的那一刻，她该是怎样叫苦不迭。

我更不是纵容女性失去人格的独立性，所谓人格的独立性，是指认识自己了解自己，有自己的爱好与事业，也有自己的思想与判断，学会管理自己的情绪，也有自己的原则与价值观。当你拥有人格的独立性，才能够让你在人生漫长的岁月里有方式对抗孤独，对抗生活的意外和艰辛。

独立应该使得我们更好地享受爱，同时坚持自己，请不要让独立抹杀你的女人味，抹杀一个男人看到你对他的情感依恋。

PART 3

勇敢去爱，勇敢被爱

爱情虽美，但不是全部。事业虽累，却永远是你疗愈的良药

别怕，只是一场异地恋

最近我认识了一个1996年出生的男生小辰，他来上海打拼，跟远在湖南的初恋女友分隔两地，为了省钱每个周末坐火车去看女朋友，每天中午只吃葱油拌面。

他女朋友在湖南念研究生，他思念心切，真的会连夜坐火车过去找她，次日早晨为女友买好早餐，甚至帮她换洗好宿舍床单被套，甜蜜一天后再连夜回到上海。

说这个故事的时候我们正在聚会，他下厨做了两道菜，端上来后，还没开始吃，就对着两道菜拍了一个小视频发给了他女朋友，我们嘲笑他："你女朋友又吃不到，你干吗还要馋她呢？”他抬头灿烂一笑：“给她看我的进步，今天第一次烧，等下个月见我女朋友的时候可以烧给她吃呀。”

这一桌聚会的人，大多都是“80后”，只有他一个小伙子是“90后”，我们一路人都在劝他：

“你别太认真，感情这事，由不得你。”

“你现在异地恋太辛苦了，你何必这样累死累活地坚持呢，反正你也没法跟她结婚啊！”

“难为你个男孩子每个月跑去那么远，你毕业还能不分手，不容易啊，你要是分手了跟我说啊，我给你介绍！”

男孩子笑笑，耐心地一个个回复，誓死捍卫他的爱情：“现在从上海到长沙，坐高铁只需要五个小时，坐飞机两个半小时。在我看来，不出国的异地恋，都不叫异地恋，能在同一个时差下， 用同一种语言讲话，想了就去见，已经是爱情中无比幸福的事情了。我知道你们觉得我辛苦，每个月跑来跑去很麻烦，我也承认金钱对爱情是有影响的，因为坐飞机坐动车要花钱，甚至她生气了买个礼物也是需要有经济能力的。但更重要的是取决于我到底有多想见，到底有多爱，我觉得只要爱她，什么都可以解决啊，多赚钱不就好了嘛。”

小伙子说了一通后，反过来说我们是中年人价值观，不够爱非要找那么多奇怪的理由。他想不明白，这世间两个人只要相爱，还有什么解决不了的问题呢？

我们一堆人，嬉笑离开，开始讨论起这个二十岁小伙子的爱情观。

这一堆人里，大多数是上海的黄金单身汉和单身女子，加上我一起，五个人，都未满三十岁，而我们这几个人，多多少少都目睹了经历了各种恋情：甲小姐曾经身处异国恋，二十岁出头的时候爱上一个法国人，辞去工作退了上海的房子拎着两个大箱子独自去了法国，跟那个法国人虽然相爱，却在激情褪去后，发现彼此价值观不符。那个天生傲娇自带贵族气息的法国人，得过且过，守着一家小酒吧，整日喝酒。而甲小姐，偏偏是个有志向的姑娘，在异国他乡，在那个陌生国度，从加油到修灯泡，从比手势到说一口流利的法文，后来干脆念了法国商学院，毕业后，爱情消磨殆尽，她带着失望决绝离开。

乙先生也经历过异地恋，杭州与上海，动车一小时的距离而已，当年也与那个姑娘爱得要死要活。姑娘家境比较好，当年爱得轰轰烈烈，上演了一出跟家人大干一场私奔的精彩戏码。乙先生也索性抛下上海的事业，搬去杭州，两人偷了户口本结婚登记，大有一种要自立门户为爱抛头颅洒热血的激情与冲动。后来呢，乙先生在杭州创业失败，他那个娇生惯养的媳妇，自然忍受不了这样的苦日子，年纪尚小的她更不懂得如何支持与安慰那个落魄的乙先生，整日吵闹。再加上姑娘父母的糖衣炮弹，姑娘利落地选择了离婚，而乙先生，则只身一人回了上海，从此绝口不提前妻。

当年二十岁的我们，谁不是如同小辰那样，相信爱可以解决一切，以为跟一个人在一起就能天长地久，哪一个不是跟小辰一样，为爱上刀山下火海，在所不惜?

后来呢，现实再三打脸，年轻人尚未经历怎么会懂得，爱情里一切都在变。时光在走，环境在变，她和他都要成长，不确定的因素如此之多，不可控制的事情如此之繁杂，早已不是单纯的爱情可以解决。你的深爱也许抵不过两人不一致的步伐，也许抵不过突如其来的贫穷与疾病。说到底，爱情里是两个人啊，一个人的心都难以预测，两个人在一起，则是两颗难以预测的心，加上这个快速变化的时代，即便没有小三和出轨，也没有人能够保证和一个人天荒地老。

在我们都经历了大大小小或壮烈或甜蜜或激情的感情之后，我们终于失去了当初那颗愿意孤注一掷的心，再也不会贸然进入一段爱情里。倘若知道自己有点好感的人会与自己在不同的地方生活，必定会坐下来商讨恋情的可能性，你过来还是我过去，谁更能接受自己的事业被恋情牺牲，恨不得写下协议，跟对方说好 “我们如今所做的妥协皆是你情我愿，未来若发生不测，自己买单，但你我的日子照样还得过”。开始如同投资一样评估每一段爱情里要面对的风险，开始权衡感情的利弊，以致后来，我们再也不会为了一个人抛弃一切，飞奔而去了。

某日，闺蜜在一次惨淡分手后苦笑地跟我说：“这一次我以为我会结婚，这种感觉是第四次。”

现如今，那个还未经历一切的小辰，跟我们据理力争，倒是让我们羡慕起来。他的执着与坚持，反倒是激起了我内心的水花，希望他的异地恋能够成功，仿佛代表了我们那些未曾成功的恋情，给了我们些许安慰，你看，还是有人能够白头到老的吧。

不管你经历风雨还是收获彩虹，也不管你如何评估与权衡，最重要的是愿你还能够拥有二十岁的那颗心。相信爱，不管结果，毕竟爱过、痛过才是我们的人生。

找个愿意为你鼓掌的男人

你从伴侣口中听到过的，最受打击的一句话是什么？

对我而言，不是“我不爱你”，也不是“我有别人了”，而是我和男友吵架时，他跳起来对我大喊“我无法承载你的梦想”，听到这句话的时候，我整个人差点晕过去。

对于一个如我这般以梦为马驰骋在现实里的女性来说，这是我听到过最伤心的话。

时代变了，越来越多的女性不再仅仅只做一个好太太好母亲，而是想要挣脱标签去勇敢地追求自己想要的生活。

首先，我们先谈谈女人的梦想。

梦想并非全都是金钱和权利或者一家上市公司，对于大多数人而言，梦想不过就是做让自己满心欢喜的事。

有的人梦想做一个糕点师，有的人梦想做一个好太太，有的人梦想满屋子都是爱马仕，还有的人梦想做到某个公司的高管，不管梦想的好坏高低，抛开一切评判标准，我喜欢有梦想的人，因为这类人至少是清楚并了解自己真正内心的需求。当人们在谈论梦想的时候总是会眼睛闪闪发光，不管你是想要一个爱马仕或是想要一个男人，梦想总归是让你在疲倦生活里为之一振，并且只要一想到就能量满满的事物。

梦想的实现途径总是多种多样的，我在这里并不是提倡大家砸锅卖铁去实现梦想，梦想本身就应该基于自己的价值和能力去实现。有些女人叫嚣着“我要找个男人帮我实现理想”，那么在这里，我先祝你有个好运气。但是对大多数女人来说，脚踏实地默默努力，不断地调整和磨炼去实现梦想才是正经事。

其次，伴侣的步伐在某一个维度上应该是一致的，至少在人生价值观上应该是互相包容的，我们总是能看到身边的情侣分分合合，分开的原因或许各有不同，但有一类常见的情况是一方跟不上对方的步伐。

我并非要求全世界的人都充满野心，我的意思是说如果你对自己有期盼，那么至少你选择的伴侣也应该是积极上进的，哪怕TA并没有理想。

你想要开一家连锁餐厅店，你的伴侣热爱花花草草深入研究，这种积极上进的态度一致才能够携手向前。

我有一个闺蜜，年轻时嫁给了一个富豪，除了貌美如花之外，她积极学习英语和理财，努力社交，试着打理好一个富豪的生活。貌美如花和打理生活也并不像我想象中的那般简单，正如一个通俗的道理：我们所看到的一切表面的风光都需要私下花十倍二十倍的努力。不是每个人都能够早起练完瑜伽背英语，学完理财打扮得美美的陪老公社交，还可以谈笑风生，不信你试试看。

再回归到自己的生活，我也并不是要求全世界的男人都必须野心勃勃，而是有自己的追求，也尊重对方的追求。

一个男人如果爱一个女人，大多数情况下是纵容的，越没有能力，就越不允许自己的女人有能力，因为无能的同时还希望做那个有话语权的人。这种男人其实很恐怖，因为他不仅对自己不抱希望，也要把伴侣拉下水。换一种思路去想，如果一个男人在所在的职位上有一些自己的追求，修车匠也可以在自己的岗位上从修小车变成修豪车，从修豪车到能够组装车，我欣赏一切能够在自己的职位上认真努力，并且日复一日有收获的男人，一般这样的男人事业也不会差。

但我也承认，这个世界上的大部分人满足于现在的生活，知足常乐，这是一种更加难以达到的人生态度。事实上，如果一个男人愿意操持家务，朝九晚五，做一个女人背后的支柱，其实这个男人同样拥有魅力，因为不论感情还是事物，合适是排在第一位的。

我的一个闺蜜，是个做蛋糕非常好的优秀女人，而她的丈夫是一名求安稳日子，每天上班打卡的国企员工。她的梦想是开一家蛋糕店，但是她的丈夫总是一再劝说她也进入国企工作。她做蛋糕的喜悦与快乐，枕边人无法欣赏与支持，从未有过一句赞赏和表扬，很简单的一个梦想却无法实现。有很长的一段时间，她都沉溺在迷茫和忧伤中，我很替她感到可惜，最后她选择了妥协，放弃那个开蛋糕店的小小梦想。

心怀梦想的姑娘越来越多，没追过梦的人或许并不能理解追梦过程中的激动与兴奋。但我想我们如此积极生活努力进取，为的就是实现自我的人生价值，展现自己的存在感。不管男人还是女人，希望你能找到一个愿意支持你，并且为了你的梦想甘愿作出牺牲的伴侣，与此同时，一定要珍惜TA的那份不容易，也要对得起自己的努力。

对于我的伴侣，我不奢望他多么富有，我只希望他能在自己的位置上努力，能够听我去阐述我实现梦想之路上的点点滴滴。有朝一日，当我站在台上实现梦想的那一刻，他会微笑着为我鼓掌。

父母是我们最熟悉的陌生人

我从十八岁离开家到现在，已经快十年了。在离开家之前，我是父母的小公主，他们事事替我操心，替我做人生重大的选择，为我遮风挡雨，然而离开家之后，他们变成了我最熟悉的陌生人。

大学毕业之后，我的生活就是在创业过程中进行的，而我的爸妈其实并不理解我为什么这么忙，我常常也不知道该如何跟他们解释我所做的事情。他们离我越来越远，也越来越帮不上忙。

记得刚去美国念书的时候，语言几乎是不通的，面对面的沟通还勉强过得去，就怕打电话。有一回给妈妈在网上买了一样礼物，迟迟收不到，我就打电话去问客服，刚好碰上电话那头的客服是第三国家的人，英语口音特别重，我完全听不懂。那时候恰逢第一门课程的考试，学业压力极大，整日整日都在复习，很担心考不过去，心情一直很阴郁，当我连一个电话都处理不好的时候，挫败感汹涌袭来，挂了那通电话眼泪就一直往下掉。

第二天爸妈在微信里照例问我是否适应在美国的生活，我除了发无数的微笑表情之外，不知道该怎么回应。

等到后来回国再次创业，也遇到了很多令人焦头烂额的事，每当不知道怎么处理时，就在朋友圈里求助。而每逢我一求助，我爸妈总是会去网上输入我的问题，再来回答我，他们几乎帮不上忙，提供的信息也未必准确，但是他们能做的是，用尽所有的知识和能力来帮助我解决问题。

后来，我开始主力写公众号，有人觉得公众号无非就是写写文章，其实并不是如此简单。一个公众号要想做好，要有明确的定位，文章的标题、内容、排版，都需要花时间和精力去仔细研究，另外还要考虑要不要做推广，需不需要跟大公司合作，接不接广告，投不投广点通，接下来的发展和方向是什么。

中国的市场环境三个月一变，对于一个独立在社会上的我来说，每天都感觉自己站在大海中间，海浪呼啸而过，我除了奋力奔跑外别无选择。

在我不断追求成长的路上，与父母的交流越来越尴尬。长大后我发现父母极力想在我们的生活里有强烈的存在感，但是可悲的事实是，一旦你选择离开家乡，走向更广阔的天地，你越发对父母有一种无力感，你不知道该如何跟他们沟通。

我的父母都是普普通通的打工族，他们对于我这样一个四处跑的女儿，总觉得心有余而力不足。他们每天都在微信里热切地问我需要什么帮助，我却一句话也说不出。

因为我们这一代的生意环境、职场环境已经跟上一代差出了一个银河的距离，即便是王健林面对儿子王思聪的生意和投资，也基本无法指导，于是选择给了五个亿让他自己摸索投资经。我想，王健林不会理解网友们为什么天天喊思聪老公，也搞不懂王思聪为什么做了个网红节目，这就是大多数父母的处境，极好的情况下给钱支持，而大多数的情况则是，想关心却不知道从哪里去关心。

事业如此，生活也是如此。十八岁之前，我不吃晚饭不喝牛奶，后来为自己的任性和挑食付出了代价，缺钙厉害且肠胃不好。独身来到上海后，渐渐学会照顾自己，逼着自己把牛奶当药喝。

但父母不知道这些，他们依然叮嘱我要多喝牛奶多喝水，在他们心中，我依然是那个不会照顾自己的小女孩。

事业的飞速发展和自我的成长让我和父母渐渐拉开距离，每当和他们沟通不顺畅的时候，我时常难过委屈地在房间里哭。到底该怎么跟他们沟通，成为我的新难题。

后来妈妈在微信里无奈地跟我说："你小时候多好玩啊，跟在我们身后吃吃喝喝，哪像现在，整天不着家。"

是的，我已经忙到没有时间跟他们每天聊天，更没有耐心和精力去解释我的生意我做的事情，跟过往受到点委屈就哭泣着跑回家找妈妈相比，现在遇到天大的委屈和难过的事情，第一反应是会不会影响到合伙人和公司的士气，是不是需要赶紧解决当下的问题，用什么方式解决才最有效。

爸妈不懂这些，他们无力地存在在我们的朋友圈。他们小心翼翼地翻阅着我们朋友圈的每一则消息，去微博上关注我们的一举一动，甚至还会去学习注册直播平台，去看看自己的孩子到底在干什么。

他们如此热切地盼望了解我们点滴的生活。

是啊，生活就是这个样子，当我选择离开家乡离开父母，我便知道这就是我要面对的现实。

我从不会劝任何人跟我一样选择这么任性地打拼，因为我知道有很多人，一旦遇到问题，就会选择自动逃离北上广，回到温暖的家乡和父母的怀抱。我时常觉得，北上广是勇者的选择和决定，这里包容梦想，也承载了无数的苦和泪。

还是那一句老话，没有对错，只是选择。

去年我爸爸因病住进重症监护室，当时的我还在美国，被妈妈一通电话喊回了家。坐了十二个小时的飞机赶到病床前，妈妈眼眶红红地跟我说："本来不打算告诉你爸爸生病的事，但是想想还是告诉了你，让你回家，因为我们觉得你长大了，家里的大事都应该让你知道。"

那次回家我才知道，原来在我的成长过程中，父母替我挡了太多的刀光剑影。妈妈几年前的大手术被他们用一句话带过，生意破产也从来没有与我提过。一直以来我只知道自己如同公主般要什么有什么，一路傲娇地长大，却不知道父母为我扛下了那么多艰难的选择和决定。

慢慢长大后，父母成了我们最熟悉的陌生人，我们遇到的问题和难题未必是父母能够替我们解决的，我们处境也未必能让他们理解，甚至我们的选择他们也未必会懂。

到了这个阶段，我们的角色慢慢开始转换，也是时候由我们来为父母遮风挡雨了。

我并不想让父母知道我的生活里有那么多艰难的抉择和无法排解的苦恼，因为长大本身就是要面对这些，不是吗？

亲爱的爸爸妈妈，你们真的不用知道我在做什么，只要知道我爱你们就好。

保持单身的心态是幸福的秘籍

我这几天在杭州出差，住在闺蜜家。

闺蜜和她男朋友住在一个两室一厅的公寓里，以前就常听她说和男朋友的故事，两人都是“四好青年”——好工作、好人品、好家庭、好性格，羡煞我等姐妹。

早上睁开眼她跑到我的房间兴奋地跟我说：“你起来就能吃到我们家先生做的早饭啦，他昨晚答应要给我们做早饭！”

我点点头，跟着闺蜜洗漱化妆完毕磨磨唧唧来到餐厅，看到桌上摆了两个不太好看的面包和两杯牛奶，闺蜜立刻火冒三丈：“你这个是什么精心准备的早餐啊，太简陋了吧？

敷衍我！”

她男朋友也很委屈：“这都是我爱吃的东西嘛，而且我给自己做，这个就是比较好的标准了啊。”

闺蜜的性子急，不断地念叨，男朋友的火气也上来了，用力把杯子一扔，准备收拾出门。闺蜜念叨累了，起身走进厨房，十分钟后端出了一盘色香味俱全的温泉蛋色拉和面包，倒上果汁：“喏，大家吃早饭了，有时候啊，真的还是要活成自己是单身的状态啊。”

皆大欢喜地吃完早饭，闺蜜一点火气也没了，跟男朋友照例Kiss goodbye，目送他去上班。

等到她男朋友出了门，我开始跟她探讨起两性关系。我觉得，如果换作大多数的姑娘，男朋友答应好的事却做得如此糟糕，恐怕是没有心情再重新做一顿。也许这个故事的结局就是相互指责痛骂，然后不欢而散，哪还有心情做早饭和Kiss goodbye呢。

闺蜜坐下来，跟我说：“我觉得吧，男女关系里很多矛盾都源于对彼此的期待值太高，总试图让对方100%满足自己的要求，但实际上这是不可能的。两个人成长于不同的家庭环境，对待事物的标准本就不一样。他眼里的完美早餐跟我眼里的不一样，我没必要强迫他改变。最重要的是，时时刻刻对伴侣有合理的期待，并且在大部分时间，保持自己单身生活的状态。”

什么是合理的期待？

他说为你做了一顿早饭，虽然达不到五星级餐厅的水平，但这是他的心意；

他下班回来一定陪你吃饭，答应了你六点到却因为突发状况迟到到九点，但他的确为了你气喘吁吁跑来，这也没什么好计较的；

他说一定要想办法买到上海的婚房，你满心期待能买到市中心徐汇区的房子，而他拼尽全力只能买得起嘉定区的，你也无须失落。

合理的期待是，你有你的高要求，他愿意在能力范围内最大限度地做到他认为的最好，你无需对中间的落差感到失望。你可以做的是，用你的能力去匹配他做到的和你理想中状态的差距。

他做了一顿不太完美的早餐，你也可以另做一份精美的早餐，共同享用；

他因为加班与你约会迟到，你可以去找朋友吃饭，然后再开开心心陪他吃个夜宵；

他只买得起嘉定区的房子，你努力工作凑点钱，可以买到闵行；

把你的高期待换成你的行动，你的幸福感会提升非常多。

为什么要保持单身的状态？

因为连单身生活都过不好的人，根本不配有个伴，比如我自己。

我曾经的一段感情，因为我痛经的时候男朋友在加班，抽不开身回来陪我，我无法控制情绪破口大骂，后来吵架吵得天翻地覆，两个人的恋情也惨淡收场。

之后我努力调整自己的单身生活，学会做早饭和简餐，每周固定锻炼，学会静心看书和梳理笔记，周末还会一个人去一些城市周边好玩的地方享受生活。

定期写作，认真工作，情绪沮丧的时候约上好友聊天喝酒，然后回家敷着面膜哭完睡觉，第二天醒来又是全新的一天，没什么可怕的。

二十七岁，我有自己的经济基础，在追求梦想的路上不至于狼狈。

想见的朋友我愿意坐飞机穿越半个中国去找她，想吃的美食我愿意坐二十站地铁去寻找。我尽可能地去接受新事物，说服自己去吃曾经讨厌的食物，去接触陌生的领域，还跟妈妈学会了用艾灸调节体质。

我能够处理好我的喜怒哀乐，和自己和平相处。

再次恋爱的时候，男友约我要看我的日程表，用单身时的心境去恋爱，时光会变得更有趣。

学会和男人相处，要先学会与自己相处。

保持“单身状态”是幸福的终极秘籍，因为你不会把生活所有的希望全部压在一个男人身上，你可以对事业有所期待，对生活有所追求。

我们大多数的痛苦在于：对男人期待太多，充实自己太少；想要的太多，付出的太少；抱怨太多，夸赞太少。

你要男人陪你逛街，又要男人给你买包，但是姑娘，这世界上哪有又要马儿跑又不让马儿吃草的好事呢。他为了未来跑去创业那是真的忙，无暇陪你正常；他朝九晚五做个公务员，大把时间陪着你，没钱买个爱马仕也是正常。

对另一半的期待值，一定要找到一个平衡点，这样既是对你们感情的尊重，也是对他的包容，同样，也不为难自己。

学会合理地期待，用单身生活的状态去面对生活，你才会真地怡然自得又充满喜悦地越活越好。

如果你不小心失恋或离婚

如果你问什么样的鸡汤最流行，或者内容最容易引起大众的转发热潮，我想大概是情感类的文章。

有一次闺蜜推荐给我一个知名情感的博主，点进去看，每篇文章的标题都令我为之一震——

“我的男朋友抛弃了我，想死怎么办？”

“新婚三天老公家暴，该不该忍？”

“如果想离婚，该如何为离婚做好准备？”

……

坦白说，人这一生情感世界起起伏伏，要是完全没有波折，那是不可能的，但是我身边总有无数在失败的感情面前依然能够绝地重生的姑娘们。

我有一个现在已经是某大企业高管的女朋友，比我大十岁，当年刚毕业的时候沉溺于爱情，义无反顾丢下上海的高薪工作，跑到苏州给人烧饭洗衣做了一年半的老妈子。那一年，她几乎消失在我的视野里。直到某一天，她夜里去给加班的男朋友送夜宵，撞见了男朋友与别的女人亲密的画面，整个人如从梦中惊醒般连夜打包回了上海。

当她再回想起那段失恋的日子时，她说："那段时间我过得很简单，白天工作晚上哭，难过是肯定的，日子难熬也是肯定的，哭完释放完情绪，我转头再认认真真敷面膜，第二天勤勤恳恳工作，周末尽量打起精神来运动和见朋友。等到那些日子熬下来，我工作上有了突破性的进展，其实我也明白了一个最朴实的道理，任何时候，都不要让感情大过天，除了爱情，我们依然有自己的生活，自己的圈子。受伤是常态，但是把自己沉溺于伤痛中不可自拔，那就别怪自己生活惨了。"

其实，这也是我的人生态度，谁没有失恋过呢？对你不好，出轨家暴，你大可以潇洒走人，当然前提是自己得有一定的经济实力。

我身边还有一位闺蜜，结婚前觉得爱情可以解决一切问题，于是在没房没车的情况下，放弃了国内事业远嫁到海外做家庭主妇。结婚后发现了无数问题，自己又工作又带娃，每天累得跟狗一样回到家里还要洗碗拖地，偶尔跟老公沟通，商量着能不能帮忙带带孩子，得到的答案90%都是否定。她老公的一贯说辞是上班很累了，下班不想做家务也不想带孩子，只想休息。除此之外，老公也拒绝跟她沟通，她满心为家庭付出想要与老公携手成长，但是他几乎拒绝交流，婆媳问题上也从来只袒护自己的母亲，她在这段婚姻里心力交瘁。

与此同时，她的工作出现了转机，刚刚念完MBA，准备进军自己喜欢的行业。她开始学会适当甩开头疼的婚姻状况，去选择一条更为明朗的事业道路。

她日后的发展我并不清楚，但我看到的是她已经慢慢懂得在婚姻之外找寻自己。

以前看一位作家诚恳地写道："女人一生下来，这个世界就告诉我们：你们是情感动物，你们只有依托于感情才有最大的存活价值。"

有首歌是这么唱的："只有女人，爱是她的灵魂。"

注意到没有，没有一首歌会说爱是男人的灵魂。

从这个角度说，男性对于感情远比女性要洒脱，这当然是男性的社会格局。

感情对于男人来说是生命的一部分，也许是很重要的一部分，但不是最重要的部分。而他们这一生始终处在追求成功的长途跋涉里，可能他们自己也没注意到，这跋涉使得他们成为更好的自己，正是这种成为更好的自己的状态，令很多男人拥有非凡的魅力。

同样，爱情滋润女人让我们沐浴在无可复制的幸福中，而我们对于自我价值的更高追求，才是我们永葆魅力的终级法宝。

坦白说，我有无数事业出众的女性朋友，不管单身还是已婚，过得都很好，魅力十足生活滋润。有人恨嫁吗？有，但她们的身边一样不缺乏优秀的追求者，那些恨嫁的话题仅限于偶尔姐妹间的聊天，当她们回归日常的生活，依旧认真地工作，仔细地生活，住着自己喜欢的公寓，买得起自己能买的东西，开心又自在。

而那些在错误爱情里沉溺又不可自拔的姑娘，往往也没有工作和生活的心情，只能越过越糟。

人不自救，天都救不了你。

过好单身的日子，才能过好婚姻生活，恋爱也一样。

谁都有在感情里挣扎的时期，但这统统都不是阻挡想更好前进的借口，感情再大，大不过天，大不过地，也大不过对自己的爱。

想起以前失恋时闺蜜认真又严肃地跟我说，根据统计，在地球上，人这辈子有两万个遇到真爱的机会，虽然你永远不知道哪一个是可以相伴一生的人，但失恋了，起码证明过去的那一个是错的人，你也就有机会遇到下一个真爱。所以赶紧出去找，别在这哭哭啼啼了，找到下一段感情，也别因为害怕受伤而不敢相爱，因为你永远也不知道此时的恋情是不是永远。

别管这话是真是假，背起行囊继续上路才是正经事，毕竟真爱和美好生活都在未来等着你。

表达爱的最好方式是陪伴

《相爱十年》里的邓超饰演的肖然和董洁饰演的韩灵是一对恋人，学生时代相恋后，肖然决定离开家乡去深圳打拼，他在电话里信誓旦旦地告诉韩灵："我想给你更好的生活，你等我。"

于是等到韩灵毕业，肖然把她接到了深圳，他们在群租房里住下，一个灶台一张桌子，生活就这么开始了。

为了能够快速赚到钱，邓超四处打听赚钱的机会，从一开始的早出晚归到频繁地坐着铁皮火车四处拉生意，当他赚到人生第一笔十万块钱的时候，他兴奋地抱着那一摞现金跑回了群租房里，将现金洒在空中，他和韩灵躺在那堆钱里，满是喜悦，觉得好日子就要来了。

然而生意这件事，并不是说停就能停的，他陪伴在韩灵身边的时间越来越少，甚至韩灵流产都是自己去处理。

随着陪伴时间的日益减少，两人的隔阂越来越多，爱情也在这样的日子里渐渐被消磨。

肖然的话也从“我要让你过上好日子”，变成了“我很快就回来了”。

抱着让家庭让爱人过上更好生活的初心，却渐渐越走越远。

这样的故事同样也发生在现实生活里。

前几天晚上九点多我在北京打车，司机急匆匆地来接我，我说：“师傅，我都不急，您急啥。”

司机叹口气：“姑娘，我晚上十点半准时要在路边跟我老婆视频。”

“您老婆不在北京呐？”

“她在河北呢，我们两地分居。”

“哦，那你可以回去啊。”

司机看了看表，继续跟我说："早几年我在老家做生意，赚了很多钱，结果因为自己大手大脚又不懂得经营，生意破产了。我这人好面子，在老家待不下去了，前年开始在北京开出租车。姑娘，你不知道，在我心里我媳妇是世界上最好的女人，我有钱的时候她也不乱花钱，我现在这么落魄她也从来不抱怨。我们约定好了，每天晚上十点半准时视频，所以我接你这是最后一单，我刚才看到堵车比你着急多了。"

我想了想，回了他一句："其实她更想要你陪在身边，陪伴比面子重要。"

师傅没说话，一路沉默地开回了我的住所。

我们想要更好的生活，可我们未曾想过，所谓更好的生活，不仅仅要有物质的保障，还需要真实的陪伴。

在美国的时候，我发现单亲华裔孩子特别多，大多数是父亲或者母亲，在二十世纪八九十年代为了改变家庭的生存环境，只身来到美国打拼，等到稍微有所成绩，便打算接孩子和伴侣来美国。然而生活远远超出我们的掌控范围，等到他们在美国站稳脚跟的那个时间段，刚好又碰上中国的蓬勃发展。很多留在国内的伴侣，都有了还不错的工作和清晰的发展空间，谁也不想放弃自己正要开始发光的事业。就这样拖着拖着，拖到最后，无数的家庭就解体了。

我不否认，我们想要单打独斗，独自扛起家庭的重任，宁愿自己辛苦一点多付出一点，只为给家人换来更好的生活条件。但是生活的方向根本不在我们掌控之内，这世间细微变化都在影响着我们的伴侣，影响着我们的生活，影响着我们的未来。

我们一个不留神，便在一个独自前进的路上，丢失了爱情，到最后也弄丢了初心，以致分离。

《相爱十年》的最后，肖然成为了上市公司的老板，他在海边买了大房子，他印象里的韩灵喜欢跳舞，便为韩灵建了一个面向大海的练功房。韩灵看着明亮的练功房，却只淡淡又无力地回应他：我早就不跳舞了。

他早有了让她过上好日子的能力，然而那些为了让她过上好日子而分离的日子，反而让他们渐行渐远，远得让肖然甚至不知道韩灵早已经不喜欢跳舞了。

你笑着说，你想给我更好的生活。

我苦笑着心里想，我想要的不过是你在身边。

你看，我们始终不能拥有一切。这或许就是所谓的现实。

其实我们总在一味地强调要平衡生活，然而真正的平衡，不是秤砣两边一模一样，而是在人生的不同阶段，侧重点不同。打拼的时候往事业的天秤多倾斜一些，而该回归家庭的时候，则要往家庭的那一边多倾斜一点，至于这个时间点，取决于你自己。

别太迷信最好的生活，因为最好的生活，必须又有钱，又有你。

事业永远是你疗伤的良药

谁没有失恋过呢?

与心爱的人挥手再见，大概是我们人生中最重要的经历之一吧。

前几年大热的电影《失恋33天》，黄小仙发现自己的男友跟闺蜜相恋，难过得当着闺蜜的面把玻璃杯狠狠摔成了碎片。之后，她在工作的时候晕倒，回家的时候痛哭，以自己心情不好为由跟老板哭着请假，回忆涌起的时候任性地坐在咖啡厅里喝酒，甚至还集结同事去别人婚礼上闹场。她在恋情的开始，追求势均力敌的爱，到了恋情的结尾，也要追求势均力敌的恨，让彼此最后带着恨意离开，且终生不再相见。

电影里的她很幸运，有着愿意拔刀相助的男同事兼闺蜜，以及那个愿意谆谆教导她的老板。但是倘若你稍微动点脑子便知道，你我都不是电影里的主角，生活里的我们，再痛的感情，即便让你撕心裂肺，第二天抬起头，该做的工作要完成，客户的提案要落实，没有人会因为失恋给你任何喘息的机会。

电影里的她失恋耗费三十三天痊愈，但是身处残酷大城市的我们，有谁能够给我们这么多时间？

我曾采访过一位女性CEO，我与她相识在她失恋的时期，她却依然能够笑着告诉我："每一次物是人非的经历，都是我宝贵的起点。"

那一年，她和即将结婚的英国男友分手了。仅一天半时间，她就从"感觉天快塌下来了"的失恋痛苦中走了出来。

而失恋之后，她重振旗鼓，在世界各地马拉松二十二场，游历完了各国之后转身去了美国沃顿商学院充电。

经营生活的同时不忘提升自己的业绩，失恋的那一年，她的设计机构经营业绩比上年同期增30%。她坚持跑步，坚持旅行，每一天都过得充实而快乐。失恋的当下，没有人能够不痛，只是痛的时候，有些人选择妥协与哭泣，而有些人则会感恩痛苦，与其挑战，让人生更加丰满与充盈。

是啊，如果不是失恋，她又怎会拥有大把的时间，去成全自己尚未完成的人生计划，看到更广阔的天地，让自己愈发平静而从容呢？

失恋之后，别怨，别念，我们都曾走过弯路，爱过烂人，也愿意永远以一颗开放的心积极工作与生活，等待下一段的爱情。

越长大越发现，爱情只是生活的一部分，不再是生活的全部。你无法像少女时期那样，因为失恋而对周围的一切不闻不问。成年后的我们，经历过看到过各种各样的相恋和失恋，慢慢开始见怪不怪，开始懂得为自己的选择买单。失恋又怎样，第二天醒来房东绝不会少要你半点房租，老板也绝对不会因为同情给你的账户里多打一块钱，这世间一切照转，绝不会因为失恋而优待你半分。

越到后来，我越是喜欢《欲望都市》里的那些性格鲜明的都市熟女，律师米兰达、公关公司老板莎蔓莎、专栏作家凯丽、画廊经理夏洛特，她们四人各自拥有自己的事业，在爱里辗转反侧，爱过痛过伤过失望过，反反复复，却又永远懂得优雅地离开与放手，不会为男人妥协与牺牲自我，更不会为了谁放弃自己的事业与生活。爱就在一起，不爱则分开，夜里也有午夜梦回之时，但不曾因为失恋而失了自己的姿态，这才是一个现代女性应该有的态度。

正如亦舒说过的："做不到是你自己的事，午夜梦回，你爱怎么回味就怎么回味，但人前人后，我要你装出什么都没有发生过的样子。你可以的，我们都可以，人都是这般活下来的。"

是啊，我们都是如此走过来的，并非佯装坚强与伟大，生活本就是一门功课，教会我们如何搁置失恋的情绪，也同样教会我们如何放下伤痛重新上路。

失恋固然痛苦，但我那些失恋之后依然化好妆穿上高跟鞋去谈合作谈生意的女朋友们，用最决绝的姿态教会了我这样一件事：失去爱情代表着爱情的阶段性失败，如果事业上因此受到任何影响，那就真的更加痛苦了。爱的人没了，至少手里的钱要在，爱情的战场丢了，至少事业上依然能够稳固自己的地位与底盘，也唯有如此，你才会痛得更少，恢复得更快。

痛快地爱，决绝地离开，快速地成长，不要做那个只知道深夜痛哭的少女，你要去做那个即便失恋，第二天也能够在另外一个战场上挥洒自如的女人。这一切，只有事业能够给你足够的底气与力量。

十八岁的失恋是一种成长，痛苦的夜晚是成长的代价，是学会爱的必修课；

二十五岁的失恋是一次重生，轰轰烈烈地爱，潇潇洒洒地离开，你在爱与恨里懂得男人，懂得情感，懂得爱与被爱；

三十岁的失恋是一次涅槃，要懂得生活从不会宽恕任何人，你若坚强，生活才会盛放。

希望你也尽快懂得，爱情虽美，但不是全部。事业虽累，却永远是你疗愈的良药。

不要做个标准的好太太

几年前从国外毕业回来的时候，在饭局上遇到了一个人，他指着我说："你这个样子，一看就不像好老婆。野心太强写在脸上，爱钱又爱买买买。"

我笑而不语。

在过往的恋情中，我被前任男友的妈妈数次挑剔过："这姑娘长得，一点都不像个好老婆的样子啊。"

那时候我就纳闷，在老一辈人眼里，到底怎么样的才是好老婆？我哪一点长得不像好老婆了？

后来我遇到了大家口中娶了好老婆的L先生。L先生与我关系不错，年轻有为，长相身材在他那个年龄里也算出挑。做媒体出身后转行做投资，演过电视剧，投过好项目，名副其实的钻石王老五。

年轻的时候他也算风流倜傥，交往的女朋友个个漂亮大气，有头有脑也有颜值。当然他不是世俗意义上在万花丛中不留痕迹的公子哥，而是认真对待每一段恋情。就在前几年再遇到他的时候，他说要结婚了。

刚过三十岁，事业正在稳步上升的时候，他决定为自己找一个特别适合做太太的人结婚。什么是他口中的好太太呢？他找了一个在事业单位里工作，长相普通，家庭条件一般的女孩子。那个女孩从小城市考到北京，那会儿刚毕业，急需有个落脚点。他们两个人在一起，没有那种天崩地裂的爱情火花，像是为了结婚而结婚。女孩需要在北京有个依靠，而这个男人需要有个顾家的太太，一拍即合，于是没什么感情基础的两个人，火速领了证，结婚的时候，都对自己的选择特别满意。

几年后再次遇到L先生，问起他的太太的时候，他说，离了。

“你俩不是特别适合彼此吗，怎么离了？”

“我们什么都好，就是没有爱。她不爱我，我能感受得到。”

他的回复，也在我的意料之中。

是的，她像个好太太，看上去贤良淑德，认真工作又懂得照顾家人，她是天底下男人娶女人的标配，嫁给谁都不会有太大的差错。可是最大的问题是，她一生追求稳定的生活，至于婚姻中有没有爱情，对她来说并没有那么重要。

到底什么样的女人适合做老婆?

你或许不那么贤良淑德，没有一手好厨艺，你或许有些懒，或许脾气不是太好，可能你还有点小虚荣，还爱买买买，但我认真地告诉你，这些都不妨碍你成为一个好老婆。因为与你相爱的男人，会包容你的缺点，并在未来的人生旅程中和你一同进步，改善彼此，一起过上更好的生活。

比如我很喜欢的一位女明星刘涛。但凡年轻貌美的女演员在人生巅峰时期选择嫁入豪门，并且几乎不再出现在大众视野的时候，大家的第一反应是她做富太太享清福去了，当然谁也没想到她的老公会在2008年遭遇金融危机而破产。她在整个怀孕期间都在帮助老公重振精神，她从娇滴滴的当红一线女星变成了女战士，不仅再回演艺圈，还与老公一起走出了人生低谷。一个当红女明星，其实并不是世俗意义上一个特别适合做老婆的人，她却在生活的历练下担当起整个家的重任。

所以，好太太没有标准，生活自然会让我们成为符合当前阶段的样子。

人无完人，年轻的时候爱玩爱买都是正常。到了结婚生子的时期，我们也自然会根据生活状态的变化而调整自身的状态。你可能是一个爱玩爱买一生顺利的太太，也有可能一夜之间成为扛起家庭重任的女汉子。但这都不妨碍老公与你相亲相爱，更不妨碍你成为你老公眼中的好太太。

谁规定一定要会烧饭洗衣才叫作好太太呢？

遇到你不爱的人，你会走，不会变

在物质匮乏的年代，结婚是一种合作，两个人在一起才能吃得饱，穿得暖，婚姻成了必需品。在生存面前，人性、爱情都是次要的，自然婚姻是稳固的。

而现在，生存早已经不是问题，每个人的精神追求不断提高，两个人不仅要相爱，思想层面上的相匹配也成了婚姻的基础条件。再好的爱情也有吵架的时候，再完美的婚姻也有过无数次想掐死对方的念头，更何况是没有爱情基础的婚姻呢。

没爱情的婚姻就好像没有根基的建筑，平时看着一切都好，遇到风雨立刻倒塌。为了结婚而结婚的婚姻，大多都在越来越多的不可忍耐中各自天涯。

我们爱一个人还动不动嫌弃他的小毛病，不爱一个人，忍耐指数更是跌至谷底。

说来也是神奇，L先生的那段婚姻，反倒是女方提出的离婚。因为在女方心中，完美的婚姻是男方跟她一样有稳定的工作，一起岁月静好。当男方开始创业并且收入不那么稳定的时候，她对L先生的忍耐指数迅速大跌，在L先生创业最为艰难的时期，抽身离开。

不爱一个人，你不会为他改变，更谈不上是不是好太太。

不要做个标准的太太，要做个独一无二的自己

别以任何模板打造自己，世俗意义上那些会做饭会洗衣会整理收纳的标配好太太，早已经过时。现在你要做的是，不要伪装成任何人，做回你自己。你或许有些大小姐脾气，你或许

喜欢一掷千金，你或许脸有些大，或许笑起来有虎牙……这些优点和缺点，都是你真实的自己，无可复制的自己，所以你是与众不同的，也终归会遇到那个欣赏你与众不同的男人。

每个人的优缺点或者兴趣爱好都千差万别，接受自己的优缺点，以及享受自己的爱好，这都会成为你身上的闪光点。

不久前跟L先生吃饭的时候，他带了新女友，长得漂亮，有自己热爱的工作，脾气不太好，大腿有点粗，但是我看得出来，他们很相爱。

再后来有人说我不像个好老婆，我就会冷冷地回复过一句："你不是我的菜，我不是你老婆，你管得着吗？"

毕竟，好太太的标准不是你说了算。

你的未来拥有无限可能

PART 4

真正对抗岁月的，恰恰是你那颗永远年轻又有活力的心

低谷里也要保持爱美的心

Eve是我在上海很亲密的小姐妹，我知道她曾在上海有过一段很艰难的时光。

有一年的冬天，Eve的舅舅去世了，她外公外婆走得早，舅舅如同家里长辈一般带着孩子们长大，与Eve关系很好。她在周末赶回了家乡，隔了几日她红着双眼回了上海。

有的时候，世界对你就是莫名的残忍。第二个周末，她就被男友甩了。那个男人走的时候扔下一句话："我跟你在一起的时候都没有劈腿，已经很对得起你了，请你自重。"

如果说亲情、爱情都失意了，那起码应该在事业上有所平衡，但是Eve不幸在第三周被公司开除，而且没有提前告知，原因就是她因为失恋而无心工作。

当时她住在上海的亲戚家，那些日子父母也在拼命催她放弃事业赶紧回老家。她自然是不愿意回去，于是顶着压力，在夜里偷偷哭，哭完就敷面膜，第二天早晨拿冰水冲把脸按时出门，去附近的星巴克投简历找工作。

投了不知道多少封简历，在星巴克不知道做了多少个文件，跑了不知道多远的路，终于，得到了一份世界五百强外资企业的面试机会。为了能够进入这家企业，她倾尽全力找到了几位这个行业中的朋友去请教。她做了无数研究，甚至在面试前花了整整七个小时做PPT完成了一份市场方案，然而当她信心满满地去面试时，却遭到了面试官的质疑。

“你之前并不在这个行业中，从你第一次的面试表现来看，你这个PPT应该是别人做的吧？”

委屈和不满的眼泪，并没有流出来，Eve按捺着号啕大哭的欲望，用微笑和实力，证明自己不是滥竽充数，是有真才实学的。她在办公室里微笑着打开了电脑，展示了这一个月积累的所有关于行业以及公司的相关材料，每一项都整理得非常清楚，每一个文件都写了备注。合上电脑，Eve安静地看着面试官不可思议的表情，依然嘴角挂着微笑走出了公司，毫无疑问，她成功了，还成为这家五百强企业里最年轻的部门经理。

之后的两年，我跟Eve在周末偶尔碰面，从她口中听过一些职场上的片段：进了五百强企业，工作也并没有她想象的那般顺畅，直系领导与大领导之间有派系之分，大领导欣赏她，直系领导又常给她穿小鞋，无数次的市场活动都得不到资金支持，她只能学会用最少的预算把市场活动效果做到最佳，把名利让给直系领导，咬紧牙关在工作环境里加强情绪管理，然后继续优化工作能力，直到她在部门里站稳脚跟。

跟我说这段话的时候，她跟我坐在fancy的餐厅里晒着阳光喝着下午茶，她脸上挂着迷人的微笑，那些过往，都随着彼时的阳光变得云淡风轻。

她曾在深夜里痛哭，也在痛哭后擦干眼泪继续前行；她也曾被人质疑与贬低，能做的是始终保持姿态，提高能力，用实力说话。

一直很喜欢李宗盛的一句歌词："望着大河弯弯，终于敢放胆，嬉皮笑脸面对人生的难。"所谓低谷里保持爱美的心并不是让你时时刻刻武装自己到真的光彩耀人，而是哪怕在低谷你也从未放弃过自己，有一种向上的力量，保持应该拥有的姿态。

我大学毕业第一次创业失败后，因为客户迟迟不交尾款让公司的资金链岌岌可危，眼见着账户里的钱越来越少只剩下四位数，生活里充斥着压力与焦虑。那些日子，除了工作之外，我最大的乐趣是逛淘宝，尽管什么都买不起，却依然向往着美也依然爱美。

真正让生活发生逆转的是，某次在淘宝上买了一双鞋子，因为质地优良做工精美和便宜的价格，让我突发奇想要去卖鞋。也是因为爱美让我发现了契机，做起了电商的生意，使得公司起死回生，后来赚到了人生的第一桶金。

而能在低谷里也保持向上和爱美之心的人，就算摔至谷底，也比其他人更容再次扬帆起航。

刘晓庆于2013年五十八岁时在美国出嫁，新郎是香港富商，对她疼爱有加。看着新闻里依旧美丽的她，很难想象曾经历过那样跌宕的人生。2002年她曾因为经济问题被逮捕，在监狱的一年多里，她坚持每天早晨在几平方米的牢房中跑对角线，跑足8000步，每天学英文，一直坚持到出狱的那一天。出狱之后，曾经的亿万富婆成为人人都嫌弃的女人，从跑龙套开始，马不停蹄地接戏，直到还清债务，将一切回归正轨，后来还写了本书《人生不怕从头再来》。

纵使千万人侧目诋毁，我仍旧坚持做我自己，不放弃自己，不否定过去，抱着希望在深夜里前行，含着眼泪在低谷里蓄力，当太阳从峡谷的另一端升起，我必定迎头而上，坚定不移地追求我想要的生活和理想。

在那些黯淡无光的日子里，把自己收拾得干干净净，站到镜子面前，告诉自己没在怕的，路都是这么走出来的，谁都一样。

低谷永远不忘爱美之心，大概就是我无数次失败又还能站起来奋斗的小秘诀之一吧。

你不可能永远年轻貌美

年初我在美国拉斯维加斯，受邀参加一场欧洲老牌基金的答谢晚宴，按照礼节，我认真化妆，穿着最简单的黑色连衣裙出席。

晚宴来了不少各国的高官和创业者，照例管理基金的几位合伙人发言致辞之后，进入了社交环节。投资界本身女性就相对较少，放眼全场，年轻漂亮的女性屈指可数，这其中也包括了我。

你可能认为漂亮是一件好事，但事实是，在大部分高端的场合中，很多年轻漂亮的女人都被默认为是为了找个有钱男人的交际花，她们仅仅是男人主场中的点缀。

因为在一部分人的认知中，一个女人同时具备年轻和漂亮这两个优点，那么就意味着她想用自身的女性优势最快地获得最丰厚的财富，而很少有人会通过奋斗和真才实干来获得财富。

所以在那一场活动上，我敏锐地察觉到，那个基金最高级别的合伙人总是有意无意地躲着我，他们自顾自地聊天，不愿意跟我多说话。

直到我主动谈起我的创业项目，他们惊讶地发现我竟然是一名连续创业者，然后开始与我热络地畅聊起来。其实当天，我的确是作为创业者受邀参加活动的。

我们总在说女人要美，颜值即正义，但是美貌从来就是一把双刃剑，它在给你带来无数隐藏通关卡的同时，也给你布下了无数隐形障碍。

是的没错，当一个姑娘年轻的时候，美貌是通关卡，会获得更多的潜在机会。

比如一场面试，明明你能力平庸，但由于你的美貌让面试官印象深刻，很可能会让你过了二试、三试，甚至有可能真的因为你的相貌把你招进公司。毕竟有老板会认为，美貌是外在能看到的东西，其他的能力可以慢慢提升。

倘若一个女人从小长得就漂亮，她到底拥有什么？

她会认为这个世界是善意的，真的，没有多少人会为难一个漂亮的小姑娘，你考了59分，不要紧，梨花带雨地跟老师哭一哭你可能就会过关；你没带钱，不要紧，跟路人借就好了。

她会认为自己得到的很多东西是理所应当的，从小就漂亮的姑娘，自然也从来不缺乏追求者，那些追求者自然会献上你喜欢的东西，不管是一双鞋子一瓶香水还是一个包。

她会认为人生有很多选择，你选择好好念书，你就是别人口中完美的优等生；你毕业嫁人，你是别人口中早早结婚生子的贤妻良母。漂亮的女人，是有无数退路的女人，拼得好不好都可以选择嫁人，手上握着的牌有一大把。

所以大多数漂亮姑娘的前半生，如果刚刚好出生于普通平凡人家，大多都是幸运的。

而问题就出现在，我们不可能永远年轻貌美，这份幸运有它的价码和期限。不管你用尽多少招数，花多少钱，使用多少手段，岁月从来不会留情。

维持美貌的成本之高不亚于运营一家小型公司，身体靠吃、脸蛋靠养，现在科技越来越发达，不怕没办法，就怕没钱花。

数以万计的保养方式方法和手段在市面上涌现，只为了让你容颜不老。为此所消耗的时间与金钱不可估量，所以才会有大把的人告诉你，女人的脸是会呼吸的人民币。

何止脸呢，其实漂亮的女人，从头到脚，连指甲都散发着金钱的味道。

然而再怎么折腾，你永远抵抗不住无情的时光，美貌让你人生前半场拥有的福利，会在下半场以另外的方式向你索赔。

二十岁的时候，我曾因美貌得到过一些额外的馈赠和别人的喜爱，似乎觉得什么都来得太容易，以为年轻会成为永恒的状态，直到身边好友冷冷提醒："你不可能永远年轻貌美，美貌终究会走。"

这一句话把我从蜜罐里拉出来，让我明白，美貌容易让你获利，却也容易让你丧失斗志，美貌终归会逝去，而不断打造自身的核心竞争力，才是与岁月抗衡的武器。

如今的我，拥有过两家公司且赚到人生第一桶金后，站在人生即将迈向三十岁的当下，望着镜子里并不如十八岁少女般精致的脸庞，却越发觉得有底气。

那种底气，不是来自相貌，而是来自我对于自身的认知。在那场晚宴上，当我大步流星冲到基金老总的面前，大方地用英语阐述我的项目与对其他商业项目的判断时，让他快速明白，我站在这个晚宴会场上，不是为了找个有钱人，而是与其并肩而立，作为利益共同体与其做同一门生意，打同一个天下。

我所理解的美，其实未必是拥有如同明星一般完美精致的五官，和凹凸有致的身材，而是源于你内心的丰盈，对世界始终充满热爱与好奇。真正对抗岁月的，恰恰是你那颗永远年轻又有活力的心。

愿这世间的你，带着美貌，持续修炼，让美貌成为你的宝剑，去征服那星辰大海。

愿你永远如此鲜活美丽。

千万别把欲望当梦想

以前看过这样一个泰国的广告——

有一个小男孩想做宇航员，而他想做宇航员的第一步是希望买下商店2500泰铢的天文望远镜。他每次经过商店门口都会痴痴地趴在窗前，幻想自己登上太空的样子，为此他开始了自己的省钱计划。

“要吃冰淇淋吗？”放学后同学边舔着美味的冰淇淋边问他，他看看冰淇淋又看看那个望远镜的价格标签，掏出口袋里为数不多的硬币，毅然跑回家中，把硬币一个又一个塞进书桌上宇宙飞船造型的存钱罐里。

他抱着存钱罐在睡梦中想象着自己登上太空的景象。

第二天的放学路上，他经过一家烤串店，周围的同学们都在吃烤串，他馋得不行，怯怯地问老板娘："阿姨，我可以只买一个吗？"

阿姨冷漠地看着他，他悻悻地走开，又经过摆着的天文望远镜的橱窗。他趴在窗户上看了一会儿，再次跑回了家，把口袋里的硬币塞进了存钱罐。

接下来的每一天，不管上学放学，他都拒绝了周围所有同学的诱惑，他想去跟同学玩游戏机，他想去买大家都在玩的电动汽车，他还想午饭能够多买一根鸡翅，但他都没有，唯一不变的是，他不管放学后是刮风还是下雨，都会趴在橱窗前看着望远镜畅想未来。

直到他攒够了2500泰铢狂奔向商店里去买下那个望远镜。

在这个故事，我看到了梦想。

梦想是怎么个玩意儿？你发现没有，梦想其实是那个让你魂牵梦萦想要得到的东西，并且为此要割舍掉人生很多的享乐。它是让你快乐的，即便是吃苦，这段实现梦想的路程，也是可以带来幸福感的，并且实现了之后，是会源源不断给你带来幸福感的。

然而长大后的我们，有多少人把欲望冠以了梦想的名号？

我毕业后得到的第一份工作年薪就有十万，那个时候的我，并没有从事与本科专业相关的媒体工作，因为觉得媒体从业者起薪太低，便进入了互联网行业。对于当年的大学毕业生来说，十万是不俗的起点，但我并没有因此而感到高兴。

我很快重新出发，在微博做生意，开始赚钱，我以为赚钱便是我的人生梦想。

但是很快，随着账户里的钱日益增多，带给我的并不是那么多的快乐，而是越来越多的烦恼和痛苦，我开始烦恼是买房子好还是理财好，汇率跌了我损失了多少。那些日子，伴随金钱带来的，除了短暂的快乐，更多的是接连不断的苦恼。

我的这个故事，叫欲望。

欲望是怎样的一种存在？

欲望是会让人产生贪念的，而且如果不知道界限，会让人产生痛苦的。就比我今天买了Coach，看到别人背了Hermes，我又想要买Hermes。我一而再再而三地想要拥有更多，这就是欲望。

实际上，人生的确需要走一段路，才能分得清什么是欲望什么是梦想。

如果你不清楚梦想的方向，便很容易被欲望蒙住了双眼，从而背离自己的初心。

我的梦想是做一个伟大的品牌，我就应该朝着这个方向努力。我去公关公司、媒体公司，一分钱不拿但是学习到了很多品牌建立和维护的知识，这就是值得的。走在这样的路上，我清晰了方向，便不会因为今天腾讯招人，阿里扩张，或者任何一个外界的诱惑而改变了轨迹，也不会因为想着要去获得更多的金钱或名利而走了弯路。即便人生所有的努力都是梦想实现路上的一个垫脚石，也应该让自己的精力和时间更加充分和有价值地利用起来。

欲望最可怕的就是让你这短短一生，明明拥有一切却不自知，所以无法快乐。

媒体曾报过的关于香港首富龚心如的故事——

她常对朋友哭穷，说自己“100万元最有钱，1000万元最风光，2000万元开始感觉自己贫穷，拥有一亿元的人最自卑”。朋友以为她说笑，然而后来才明白，在龚心如当年拥有

100万时，生活无忧无虑，上到房车下到吃穿用度完全不缺，的确是富有的；拥有1000万的时候可以买得起名车名表，能够炫耀一番，自然也是风光的；但她赚到2000万的时候，开始想要拥有价值上亿的豪宅和昂贵的游艇，然而2000万却不足以买到这些；等到了她坐拥上亿，却要面对一众千亿富豪的时候，她再也没有办法开心起来。

我们穷尽一生去追求我们想要的一切，最怕的便是误把欲望当梦想，不自知、不知足，拥有越多，反而越痛苦。梦想既不是单纯的白日梦，也不是无止境对欲望的追寻，而是一种内心的驱动力，能够让你带着渴望像向日葵一般朝着阳光前行。梦想会带给你踏实的满足感和愉悦感，是梦想让我们的自身价值在社会中得到最大的发挥，也让我们的才华得以最大限度的施展。

我很喜欢和菜头说过的一段话：“欲望会在清晨醒来之后的沐浴中消散，在目睹摩天大厦、宝马香车时重新升起。而梦想却在你走出几步被击倒之后，依然照耀在面前，让你咬牙含泪却依然翻身爬起，继续追逐。欲望让人觉得自己很重要，而梦想却让自己变得很轻很轻，轻到采取任何举措都不会犹豫再三。欲望让人在选择之间备受煎熬，求神问卜，梦想却让人迈出一步，然后是第二步、第三步。”

人生很短，愿我们都能坐拥梦想，驰骋飞翔。

炼出你的强心脏

负面情绪，会让人产生无数的自我怀疑。

尽管愤怒、挫败和焦虑等都是正常的情绪，但是你更需要拥抱、接纳以及原谅，然后才能够走出这些情绪。我很喜欢西点军校的一句格言：“永远没有失败，只是暂时停止成功。”本来成功就是小概率事件，既然如此，就要选择原谅和放下自己，允许败下阵来，才能够更好地出发。

每个人大概都会有无数次觉得自己陷入黑暗困境，再也无法看到光明。小到失恋，大到破产，都会让自己一蹶不振，只想做个颓废的人。如果这时，你拥有一颗复原能力超强的心，一切都会大大改观。

那到底怎么样才能拥有一颗强大的内心呢？

刚出社会的时候，人人都是玻璃心，稍微一点磕碰就容易破碎，被领导骂一句或是受了点小委屈立刻就觉得天塌下来了。其实，人经历得越多，越知道这一路上的拼搏比的就是勇气和耐力，我并不是让你从玻璃心成长为铁石心肠，而是要在一次次伤痛中学会更多技能，一步步走向成熟。那些伤害过你的人和事，终将会成为你奋斗路上的保护伞。

首先你要原谅自己。

中国人有句老话叫 “三穷三富过到老”，意思是人的一生总是在逆境顺境里反反复复，没有人可以一帆风顺过一生。褚时健在1994年创立过闻名全国的“红塔山”香烟，并且成为中国鼎鼎有名的企业家，然而在1995年他却因经济问题入狱，同年还遭受到丧子之痛，这样的打击对任何人来说都是难以承受的。谁也没有想到，2002年保外就医出狱之后，已经七十四岁高龄的他，竟然再战江湖，承包荒山种橙子。2012年他创立的“褚橙”，使他成为“中国橙王”，让他再次攀登上商业领域的高峰。

他的成功，因为他原谅自己，正视困境，储存能量，当狂风暴雨袭来时照盘全收，然后等待命运洗礼之后调整心态，再次出发。你看了他的故事，就会知道“原谅”也是低谷时与命运抗衡的反击之力。

其次是不要抗拒成长，不能因为失恋就丧失爱的能力，更不能因为摔一跤就让自己躲在温暖的屋檐下再也不面对生活。

在很多人眼里，我创业成功风光无限，实则我也被人骗过、被人坑过，但我从未因此抗拒创业这件事，我在一次次的摔打中得到了很多教训。

管理上深谙公私分明，签合同时学会了字字斟酌，每一次的成长都是在摔跤中获得，那些让我们受伤和痛苦的时刻，都是我们成长的关键时期。生活只会越来越难，而我们要学会的是让伤痛长出人生的盔甲，保护着我们走得更高更远。

然后是相信所有的不幸终将过去。

很久之后我才感受到“终将过去”这四个字的魔力，时间并不是治愈一切的良方，但时间给了我们喘息的机会。

我在美国的时候跟着一个科技媒体一起创业，在一开始的五个月中，没有一个人看得到希望，甚至一度太过艰难让大家有了放弃的念头。那段时间，我们的项目不被任何人看好，也没有人来鼓励，自己也不知道什么时候能熬出头，大家硬是靠着一股气，坚持到公司融资走上轨道，才让一切柳暗花明。

到后来我自己开始写公众号，很长时间没人看的时候，之前那家科技媒体的创始人总是会安慰我 “终将过去”，这四个字的潜台词是没人看是正常的，我们都曾走过，你这般煎熬我们都能体会，只要你坚持下去，终将会得到好的结果。

然而大多数人走在低谷里时，并没有人告诉他们天黑的日子到底有多长，甚至你明知道天会亮，但就是熬不到地平线升起的那一刻。

如果你此刻人生恰逢低谷，愿这篇文章能给你一个温暖的拥抱，告诉你这一切终将过去。

再者是在低谷时期为自己的人生重新进行战略调整。

所谓“终将过去”，并不是你躺在床上待在家里，你的苦日子就会自然而然地结束，而是选择一种新的方式去面对它。

去年创业赔本之后，恰逢过年，我回家安心过年，开始写文章。等到2017年2月，公众号点击量飞速增长，粉丝量也有了一定提升。

创业是这个道理，爱情也是这个道理，创业失败了干点别的，爱错了人那就换一个爱，不在一个地方死磕，也是一种人生智慧。你要知道，失败有时候并非完全是你的过失，有太多意外左右着你前进的步伐，在触碰南墙后选择放弃，也可能是一种聪明的选择。

最后是寻找释放的出口。

有时候你要懂得，经历比成功更重要，过程比结果更重要。释放压力是当下的你最重要也最迫切要做的事情，跑步、唱歌、痛哭，不压抑自己的情绪，选择自己最舒适、最喜欢的方式，为那些糟糕的情绪找到合适的出口，才能够更加轻松地上路。

我那个生完孩子手足无措的闺蜜，最后选择辞职创业，创立自己的珠宝品牌，还有我那个在纽约四处求职碰壁又茫然的好朋友，最后踩着十二厘米的高跟鞋，成为享誉纽约的中国时尚博主。皆因她们败过、哭过、痛过，最后依然选择硬着头皮穿越黑暗，去寻找属于自己的光明，那颗永远强大的心脏，让她们从未因为生活的苦而倒下，她们越走越远，越走越高，越走越宽。

坦白说，我不是天才，也没有很高的天赋，我写每一篇文章都需要勤勤恳恳地啃书、码字、搭框架、理逻辑。我失败过很多次，我不是不懂得失败的代价，但我依然在追求自我价值的路上越走越远，向往着能够拥有更多彩的人生。我希望自己的人生永远像十八岁的少年，勇猛而坚定，狂奔而无悔，不管成人世界里有多少令我伤心和失望的事，都能够满怀热忱，勇敢追逐。

愿你看完文章，找到属于自己的方法，锻炼出你的强大心脏，练就快速复原的能力，以勇敢为剑，以力量为裙，开拓出属于自己的未来。

年轻人，还是穷点好

我在毕业第一个月就离开了所在的互联网公司，然后心高气傲地开始自己折腾生意。

一方面那时候过了校招的最好时机，我一心想去的公司，已经不招应届毕业生了；另外一方面，上海的生活费用分分钟能清空我的余额，我只能埋头苦干四处去找赚钱的方法。

我运气还算不错，捕捉到当时刚刚兴起的微博，做起了电商生意，从稳步增长到井喷式爆发，我赚到了人生的第一桶金。

我拿着这笔钱去了美国念书，回国前受朋友邀请和一个小伙伴共同打造一家女性媒体，回国后又一起做了大半年，直到后来大家因方向不和而分开。直到这段经历结束，已经是2016年了。

我在2016年初的时候一直反复在想，到了这个尴尬的节点，原有的生意因为去美国的两年时间里几乎没怎么打理，已经无法再继续做下去，那么现在该做些什么呢？

我在朋友的鼓励下，一边写字，一边分析自己到底能做什么。

2016年是很特殊的一年，我几乎每天都在焦虑中度过，不断地自我剖析，我的性格特点是什么、我擅长什么、我能做什么、我的梦想是什么、我的能力在哪里，每一条都写在本子上反复分析。与此同时，凭借着当年扛上行李箱就去工厂的胆子，和做电商的经历，开创了自己的品牌，然而在这个过程中，我却遇到了无数的难题。

品牌方面我因为没有做过淘宝，没有带过团队，没有接触过资本，没有系统全面的分析能力，所有的经验都来自于我刚毕业那几年的摸索。虽然我知道怎么跟工厂打交道，怎么跟用户接触，怎么选产品，但是论及要系统规划一家公司，我还差得很远。

写文章方面尽管我是编导专业出身，却早已经忘了学校里的方法论，再加上新媒体的写作模式跟传统媒体大相径庭，我的写作之路，也是相当坎坷。

好在我早已经忘记了脸皮这件事，我在整个2016年里，四处找人通过日本商社探访日本的工厂，自己待在广东深圳一带，三天跑过六个城市，挨个工厂地拜访，学习生产经验。写作方面，更是孜孜不倦地请教各类新媒体的大佬，到处去问怎么才能写好一篇文章。

没有师傅领进门，只能靠自己敲破门。不管别人怎么看我，工厂怎么老谋深算，大咖们如何轻视，投资人们如何鄙视，只管硬着头皮问就是了，就算没有得到什么回复，但至少我尝试了。慢慢地我开始得到一些回复，有人愿意指点我写文章了，有人跟我分析商业模式了，有人带着我看项目了。当然，偶尔的指点无法满足我成长的需要，我要求自己每天起床听BBC，看半小时书，心沉下来写文章，再去健身房健身。

2016年初，我手上有50万，到了2017年初，我花得所剩无几，我把所有的钱都放在了上课和差旅费上。

熬到了2017年，写作和生意都渐渐有了起色，空余的时间我还帮助一家全球女性基金SoGal负责国内社区的运营，我心里笃定，我是可以把这些事情做好的，虽然我费的力气确实多了一些。

前几天等等在微信群里问大家："我现在到底该创业还是去找份工作踏踏实实地做？"

等等此时刚从英国本科留学归来，瑜伽练得很出色，却在上海迷茫了半年多，空余时间跟我一起打理SoGal国内的工作。Pocket（SoGal创始人）火速回答，快去工作，瑜伽的梦想什么时候都可以实现，但是趁着年轻，最重要的是系统地学习，没有什么比进入一家企业更能够打磨和锻炼人的了。

说到这里的时候，我发过去一个肯定的表情表示认同。是的，如果再让我退回到毕业那天重新选择一次，我肯定选择进入一家公司系统地学习。当然，我并不后悔当初的决定，因为我从毕业至今，的的确确秉承着"自律和快速学习"的宗旨，一刻都不愿落后，才走到今天。

我只是想表达，对大多数人来说，创业、梦想都需要经验和经历来支撑，而年轻最大的优势就是，一来有足够的精力，二来也不用顾及时间成本。如果你恰逢毕业的关口，也并非是天资过人或者家境优越，那么选择一个朝气蓬勃的行业和一位好老板，会让你在毕业后快速积累后续需要的种种能力，不管是简单的办公软件操作，还是演讲谈判能力、思辨能力，只要肯学，学习速度够快，加上用心，你会很快有所提升。

等到有朝一日你真的掌握了实干的技能和生存方法，此时再去追梦，或者去做自己想做的事情，会更加游刃有余。

一夜暴富的神话不会出现在大多数人的身上，毕业那几年的贫穷，是一生最值得珍惜的时光——

因为穷，才让橱窗里的包包更加动人；

因为穷，你才会迫不及待地汲取所有来自外界的养分；

因为穷，你才能朝九晚十二却依然充满干劲地向前。

年轻时，金钱上的贫穷带来的是你义无反顾地向前。

另外，也别太相信媒体上说的错过这个风口就没机会了，这个趋势错过了你就赚不到1个亿了这样的鬼话，因为真相是：中国近百年来每一年都有风口。

我曾经采访过一位前辈，听他说十几年前做钢材生意赚钱特别轻松，我唏嘘感叹怎么没早生十几年，前辈看着我扑哧一声笑出来："我们做钢材跟你们做网红性质是一样的，都是跟着时代赚钱，不相信再过十几年，"00后"的小孩还要羡慕你们赚钱快呢！”

那一瞬间我才恍然大悟，其实每一年都有所谓的风口。比起风口，自身能力的积累才是最重要的，它能让你抓住下一个时代的脉搏和趋势，稳扎稳打地赚到钱。

与你们共勉。

能把细节做到极致的人，才是最牛的人

我辗转听说庄哥的故事。

庄哥是老王的高中同学。高中的时候他成绩不好，没考上大学，一毕业就去比萨店打工，从端盘子做起。老王每次寒暑假回家，但凡走进这家比萨店，最惹眼的一定是庄哥。

不同于其他懒散毫无精神气的服务员，庄哥的麻利劲儿，客人们一眼就能看出来——

“强哥，你来了！”

“琴姐，你还坐这！”

他能熟记每一个老顾客的名字，顾客还没进门，庄哥就会冲上去带位置。不管工作到几点，他脸上永远是笑嘻嘻的，机灵地观察来到店里的每一个顾客，只要他在的时候，顾客面前的水杯永远是倒好的三分之二杯。

老王每次去店里都会拽着庄哥不放，因为他那儿总有一堆折扣券，而且对店里的各种优惠政策相当熟悉。他知道周一到周日买哪款甜品可以打折，买什么比萨和什么饮料可以有优惠，甚至知道今天的鸡肉比萨新鲜，明天的烤鸡腿最好吃。庄哥就这样从一个服务员做起，做到了店长、区域总监，直到今天的大中华区总监。

能从最小的事情做起，并且把最小的事情做好，是一种不可复制的高级能力。

老王的干妈也是这样的一位人物。干妈很多年前就去了日本，大学时代没有多少钱也曾在餐厅里打工过。她跟庄哥的工作态度很类似，虽然只是一份端盘子的工作，但她从来不曾怠慢，并且善于察言观色。某次她在清扫桌面的时候无意间听到旁边桌子上的两位日本人顾客的谈话，言语中在抱怨他们的供应商无法提供新鲜的香菇，因而大为烦恼。她认真地打扫完卫生，等到这桌客人结账的时候，她走过去用当时还并不流利的日义说道："我来自中国，我的家乡福建有新鲜的香菇，我可以想办法运过来一批，你们要不要试试看？"

因为无意的一次谈话，也是因为她的勇气，最后做成了这笔生意，而这也让她在日本赚到的第一桶金，后来干妈的生意也越做越大。

这样的故事总是在提醒我，哪怕在最小的岗位，只要有心，处处都是你往上走的机会。抱怨生存环境很容易，然而能够在并不满意的职位中始终保持认真的态度，拥有一颗向上的心，你会发现，机会很容易就来到身边。

另外一方面，能把小事做好，也并不是件容易的事情，因为我们太容易高估自己，也太容易在做小事的时候被来自外界和自己的声音干扰到进程。事实上，在繁杂的环境中，处理好小事情是一件极其考验能力的事情，因为并不是每一个人都能时刻保持高度的自律和细心，稍有一丝偏差，最后的结果可能就会差之千里。所以越厉害的人越能把小的事情做好，因为所有的结果一定都是努力和细节拼出来的，当周围人都够努力的时候，那拼的一定是细节。

很多人在看到别人因细节而成功时，会说："这点小事，换我也可以做，只是他运气好罢了！”等到真的轮到自己的时候，又会好高骛远，对眼前的工作不屑，但是机会也就在这一念之间消失了。

著名主持人王凯辞职后开了一个公众号，专门为孩子讲故事。试想一下，你从光环夺目的央视辞职，跑去没几个人看的微信上录音，讲儿童故事，这件事情难吗？不难，难的是撇开纷纷扰扰去坚持，也就是因为他的坚持，才有了今天国内最大的儿童故事品牌“凯叔讲故事”。

每天给孩子讲一个故事简不简单？你讲一个试试！讲365天试试！

还有，能把小事的每一个细节都做到比别人好一点点，是更难的一件事。

就拿写文章这件事情来说，从一开始把想到的写下来，再到有逻辑地、层层递进地写出一篇文章，然后过渡到随时记录下身边发生的小事不断地输出灵感写新的话题，继而持之以恒地写下去，最后还要全平台发布，能坚持的人其实并不多。

我想到曾经很热门的一句话：网红的道路并不拥堵，因为能坚持的人不多。

其实往上走的道路都不拥堵，因为往上走的人都忙着自己脚下的那一条细长而又狭窄的路，于是慢慢就走到了金字塔的顶端。而下面的大多数人，看着上面的人，一直在问，这么简单的事，为什么他做好了，我做不好？问着问着，岁月就这么蹉跎过去了。

曾有人问过我，如果你是餐厅的服务员，你还会这么积极向上吗？

回答问题之前，我还想说一个故事。你知道洛杉矶好莱坞的餐厅里，都是帅哥美女吗？有无数追梦人都曾在那些餐厅里打过工，以最漂亮的姿态当一名普通的服务员，然后等待着有一天可以被到店就餐的导演或者制片看上，得到一个试镜的机会。著名影星布拉德·皮特就是这样出道的。

再回到那个问题，我的答案是：职业不分大小，再小的工作也要做好，每一个细节比别人都做得好一点点，然后就等着命运的大反转了。

别让你的固有思维捆绑了未来

有读者问我："我在英国念书，即将毕业，毕业回国找工作还是在英国待着？我觉得自己找不到工作，但是喜欢伦敦，想多待一阵子。"

"为什么觉得找不到工作，你试了没有？"

读者回我："没有，可我的英语很一般，不知道找什么工作，周围好多同学回国了，伦敦也没有朋友。可是想到签证明年一月到期，以后工作了也没什么机会可以在伦敦住着了，但我又特别喜欢伦敦，每天受艺术熏陶着很开心，不过我学金融的应该做不了时尚行业吧。"

我忍不住打断了她的对话。

“为什么你的未来什么都还没有发生，你就已经事先在脑中做好了一个框架呢？你觉得大家都留不下来所以你也留不下来，你觉得学金融的不能做时尚，可你连试都没试过，就这么轻易扼杀了自己的未来？”

说完话，这个读者沉默了很久，道了声谢谢。

我们没再多聊，我心里除了感慨还有惋惜，有多少人像她这样，被自己固有思维限定得死死的不能动弹，连带着自己的发展与未来也都被固定住了，不敢畅想更不敢尝试，于是人生就这么随波逐流，最后过上了自己不情愿也不甘心的日子。

其实在一个人的人生旅途中，最可怕的便是思想被固定。大多数人有着根深蒂固的传统观念，公务员就是铁饭碗，女人三十岁之前要嫁人等，因为思想被限定，所以不再去探索这个世界，又因为不再探索这个世界，导致眼界越发狭隘，更加坚定了那些传统的思想观念，恶性循环。当别人说着要去看更广阔的世界时，你甚至不知道别人口中所谓更广阔的世界到底是什么。

除了把自己的未来限定死，还有很多人把自己的感情生活也限定得让我觉得荒谬可笑。

前不久还有人跟我说："二十七八岁是结婚的年龄，婚后很多事情就不能按照自己的意愿去做了，所以要在结婚之前，还有青春的时候多体验人生，到了结婚的年龄就安心投身家庭。"

天啊，谁规定你二十七八就要结婚呢，又为什么婚后不能有自我呢？

这些年接触了很多人让我发现，这个世界上有着无数的可能性，也有无数个把自己过得精彩的方式——

我认识一位叫苏杭的姑娘，从小就是学霸，从中戏一路念到研究生，考博士时突发奇想交了白卷，跑去网上众筹，拿到了品牌赞助。自己跟朋友飞去美国找当地的各种"奇葩"，还住了各种各样千奇百怪的房子，并且拍摄了一部叫《美国奇葩故事》的纪录片，体验了一把别样人生。回国之后她做起了音乐经纪人，开始研究爵士乐和古典乐。

我那个年过四十的闺蜜，单身的时候是律师，生完孩子跑去念EMBA，一有时间便和老公一起带着刚出生的宝宝满世界看风景，后来自己创业开了一家美食外卖平台。

当然还有我妈作楷模，五十五岁依然跟我爸爸撒娇跟闺蜜喝茶，学钢琴学跳舞，时不时问我新款面膜到底哪个好，为了买自己喜欢的东西恨不得请假飞去香港。

单看她们做的事情，你绝对想象不到她们分别是三十、四十和五十岁的女人，青春从来不受年龄限制，十八岁是青春，五十五岁也是青春啊。不管你年纪多大，跟谁结婚，有没有小孩，我都希望你能够享受当下的人生。

想做什么就做什么，限制你人生的永远只有你自己。

别拿父母当借口，我承认父母的思想有时候的确跟不上时代的步伐，他们希望你找的工作离家近钱多事少，他们还希望你事事安稳有保障。可是亲爱的，倘若你过得开心，父母就一定会开心，而开心的标准终归是你自己啊，你要做的是极力争取，耐心沟通，慢慢熬到自己能够经济独立，为自己的人生做决定。不管你做金融还是做时尚，喜欢稳定的工作还是喜欢浪迹天涯，第一重要的是你开心你愿意，第二重要的是不管怎样的结局，你都能够为自己的选择买单。

也别拿婚姻当借口，你若喜欢浪迹天涯，你就该找个愿意与你一起流浪的伴侣，红尘作伴、策马奔腾；你若喜欢待在家里看偶像剧啃鸡爪，你就该找个愿意躺在你身边的伴侣一起嬉笑人生、享乐当下。如果你喜欢浪迹天涯却要找个爱在家里待着的人，或是你喜欢待在家里却找了个浪子，你们三观不合，生活痛苦，但这都是你自己的选择啊。

更别拿别人当借口，我们每一个人都在完全不同的维度，而且这世界变化如此之快，即便是一起成长的双胞胎，未来的生活也有可能完全不一样，你怎么能拿他人的生活来参考自己的未来呢?

我们只有这短短的一生，你终归会长大，远离父母，成为一个独立的社会个体。别拿别人的生活固化自己的生活，也别用自己固有的思想固定了自己的未来，你要学会多了解自己一点，去结交那些有趣有料又有能力的朋友，交换思想，提高各方面的能力，懂得为自己的选择买单。

相信我，你的未来拥有无限可能。

你想要的生活，没那么难

PART 5

别人的看法和期待，都不能成为你人生的那把钥匙

你不可能永远热爱一张野心勃勃的脸

在硅谷遇到怡的时候，我没想到她刚生完孩子，因为她在跟我们热烈讨论事业规划时，用现在最流行的话说，她有张野心勃勃的脸。这不是你想象中一个母亲在怀孕生子的关口奋力拼搏的故事，按她的话说：“人生很多时间是必须用来浪费的。”

怡个子小小的，老公却是一米九几的大个子，怀孕前她刚刚移民落脚美国，之前在国内的大公司里已经做到了HR总监，之后她为了能够在美国站稳脚跟，又选择返回学校念MBA，恰逢不小心怀孕，只能暂时休学。

孩子将近十斤，她生产的时候很吃力，伤了元气，产后的大半年，她几乎都在休息和陪伴孩子。直到孩子快一岁，她才开始重拾学业，一点一点地捡起她想做的事情，和丢失已久的梦想。年轻人有野心是件好事，但后来我也不得不承认，对于一个年轻人来说，你的确可以不分黑夜白天地往前冲，但是随着时间推移，很快就会发现，家庭和生活会让你不得已慢下脚步，当野心被现实牵绊，能够始终保持向上的状态，是一件不容易的事。

现在的我，更愿意理性地看待野心这件事，因为我们不可能永远保持单身状态，不管不顾地往前冲，我想把人生的波段拉长，把眼光放得更远。

如果我们把这世界的人以野心作为一种划分标准，那么应该分为有野心的人，有野心但被现实牵绊的人，和没有野心的人。对于有野心的人，不管男女，我认为应该选择一种不激进的方式去打拼，不要一味地拼命损坏了身体的健康，也不要一味地拼命失去了陪伴家人的时光。

野心勃勃本身并没有问题，但我现在喜欢的一种态度是：敢承认自己并不想每时每刻都野心勃勃，也想把时间分配给家人和爱人；另外一方面，如果你不是一个野心勃勃的人，也愿意直面并承认。

我以前一直不认同国企里的人，觉得他们的人生固定又无聊，但是如今自己飞来飞去为了更好的生活，牺牲了很多与爱的人在一起的时间，再反观家乡那些朝九晚五一下班就跟家人在一起的同学们，反倒觉得那也是一种生活哲学。

我曾经采访过的一个姑娘，她有一个手工工作室，小小的，就在自家的客厅里。她的手工极好，一个作品卖的价格很高，等的时间也很长。我们看了她的产品，总是在跟她说，你这个可以做大做强，她却只是笑笑不说话。她在采访的时候跟我们说：“我老公创业已经很辛苦了，我并不想再这么不着家，你看到我客厅到厨房的距离了吗？我最喜欢的就是白天可以在客厅里做自己的手工，到了先生快下班的时间，转身就可以走到厨房做饭。我很享受现在这样能做自己喜欢的事情，又可以兼顾到家庭的状态。”那一刻，用句很土的话来描述她，就是她是一个很清楚地知道自己要什么的姑娘。她明明可以野心勃勃地扩大自己作坊式的生意模式，但她并没有，她直面自己的内心，更喜欢的生活方式是：做着自己一亩三分地的事情，同时也可以有大量的时间陪伴家人，这是她的选择，也不失是一种刚刚好的生活方式。

我逐渐懂得，有野心的人在不通顺的十字路口，会因为各种各样的事情阻碍野心的肆意蓬勃，但这也并不妨碍我们继续向前追寻梦想。与此同时，懂得如何处理不得不被中止的野心，学会在人生适当的关口推迟计划，同时秉承着绝不退出的态度，等到一切回归正常轨道再继续去拼搏。而没有野心的人也要学会不被社会舆论洗脑，守护好自己的阵地。

无论你有野心与否，都愿你能以自己喜欢的方式，过自己想要的生活。

仗剑走天涯是为了洗手做羹汤

不久前受邀参加去做一场关于女大学生就业培训的活动，为期两天，我与很多职场高管一起跟学生们分享了毕业后的职场发展经验。

在活动的最后，要求每位导师说一句话，每个人说完后，一位在职场上叱咤风云的女总裁，忽然要求要加一句话。她风风火火地拿过话筒，跟台下的学生们说："你们要做女神，但也要接地气地做个女神经病，别太端着，在外面可以风生水起，回到家里该干吗干吗，好好打拼，也要好好结婚生子！"她一口气说出这段话来，让台下刚接受了无数励志鸡汤的姑娘们一脸懵圈。

发言的这位女Boss，是上海时尚媒体行业的一姐，整日与明星为伍，与奢侈品为伴，今天飞米兰明天飞巴黎，绝对是时尚界的女魔头。虽然在职场中是大姐大，但是回到生活里，却是十足的儿子控。提到儿子时她满脸笑意，谈起家庭生活时神采飞扬，跟她聊天总有一种畅快之感。她平日里忙到起飞，但是只要回归到家庭生活，则全心全意地享受，心甘情愿从领导变为儿子控，家里家务恨不得都自己来。这个女人，撑得起职场的霸主地位，能够仗剑走天涯，也能够安安心心洗手作羹汤，做个温柔的太太和妈妈。她在这两种状态里切换自如，我能感受到她在每一种状态下的投入以及产生的巨大幸福感。

后来仔细想想，大概是因为平时工作太忙，所以才格外珍惜陪伴家人孩子的时光，再因为这些快乐的时光，又给足了她无限的动力，才让她在工作和家庭两个环境里都充满激情。

我的一个闺蜜也同样拥有这样的激情，她一直特别忙，从大学就开始疯狂地实习，寒暑假一个没有落下过。毕业后更是拼命三郎，疯狂地转型考N门技术类从业资格证，从媒体行业转战到互联网。在互联网行业里从零做起，连个代码都不懂的姑娘，在互联网公司里做市场，早上九点准时到公司，晚上十一点基本上才跟码农们一起下班回家，认认真真、兢兢业业。再后来又自己折腾起小生意，冲进工厂上蹿下跳地进货扛货，开起淘宝店，为了省钱干脆又自己买设备拍摄，开了公众号给大家讲段子，已经都这么忙了，但结婚生孩子一个都没有落下。最近微信看到她开始发美食照片，一问才知道，原来开始学起了烹饪，每天再忙也要坚持做一顿饭给家里人。

我诧异于她为什么从一个野心勃勃的女人转变为贤妻良母，莫非真的是女性荷尔蒙的反应机制随着时间发生了变化？

她却淡然地在微信里打了这么一串文艺的话丢给我：仗剑走天涯是为了洗手作羹汤。

是啊，幸福是相对的，就好比当一个人刚从沙漠里走出来，你给他一瓶水，他会觉得这是一件幸福指数特别高的事情。但是等他喝完这瓶水，你每隔一分钟给他一瓶水，他就失去了这种幸福的感觉。

每天洗手作羹汤或者每天都在商场里厮杀，时间长了总会产生疲乏感，这是无力抗拒的。

天天声色犬马，王思聪自然对美女已经审美疲劳了；

天天住在加州海岸边，自然对美景已经习以为常了；

天天开着兰博基尼，开着开着也就跟开奥拓没什么太大区别了。

我自己也是如此，常年在外面忙碌奔波，偶尔回到家愈发感觉家庭的温暖难能可贵，看着爸爸妈妈跟我念叨那些鸡毛蒜皮的小事，不再是年少时的不耐烦，而是无比的亲切。

其实在我学生时代和刚毕业那会儿，是很排斥洗手作羹汤这种事，那时候觉得女人是完全可以在职场或者商业领域中获得一定成就的，那个阶段的我对于未来规划是，自己不可以埋没在家庭琐事中，在毕业后的日子里，我更是以不做家务为荣，一心工作。只是再后来，我渐渐发现，就算我再怎么热爱仗剑走天涯，也终有要回到家庭的那一刻，陪在父母身边，为父母煮一碗面条，这也是一种幸福。

仗剑走天涯，是为了享受人生热气腾腾的战斗感；洗手作羹汤，是为了珍惜战斗后的那份宁静。也正是因为在职场和商场的拼搏与厮杀，才让我感受到家庭生活的珍贵。

两种状态都是人生不可缺少的经历，单一的状态难免让人觉得乏味，在人生的不同阶段，选择全身心打拼或是全情陪伴家人，只要是内心真实的选择，那都是值得的。作为一个热爱事业又喜欢拼搏的女人，我也开始放下那颗永远战斗状态的心，学着去享受在家庭生活中的种种乐趣。

后来我终于懂得，生活本就是一种选择，不管是仗剑走天涯还是洗手做羹汤，全心接纳并享受其中，你会发现更多的惊喜，只要你走过，就会懂得。

别让喜欢在家的女人出去闯荡

我是一个喜欢出去闯荡的女人，我喜欢看更宽广的世界，也喜欢自由，大学毕业后创业，赚到钱赴美留学，从编导到互联网到电商再到自媒体，我一直没有消停过，我也一度认为，看遍这个世界才是人生最重要的事情。

但是随着我接触的人越来越多，发现并不是每一个人都和我一样，适合并愿意背起行囊闯荡天下。

二十岁出头的时候，特别不理解全职太太，一个女人天天待在家里怎么能开心呢，并且我经常劝说当全职太太的朋友，跟我一起创业，她们每次的拒绝都让我觉得好心被当成了驴肝肺。久而久之，我虽不理解全职太太，但也不“好言相劝”了，心里想着，反正日子苦的是你们。

这个想法直到我认识了R小姐，才得以转变。

R小姐出生在北方某城市，早年远赴日本留学，归国后回到家乡进入日企工作，后来遇到了她现在的老公。她老公跟她初中高中都在一所学校，两人少年时期品学兼优且彼此互相有好感，当年身为好学生的他们并没有谈恋爱，直到她回国后两人再次相逢，才火速恋爱结婚。

婚后的她，没过多久就辞职回归家庭做全职太太，先生学的是金融，也是聪明人，赚了些钱，再加上R小姐之前的积蓄，两人没找家人要一分钱，买了房子和车子，开始了属于自己的小日子。

接下来的生活，先生负责做生意赚钱，R小姐便是教育孩子和支持先生的工作。她喜欢慢节奏的生活，孩子上学后她收拾房间或者喝下午茶，看看杂志和书，傍晚接孩子回家买菜做饭，偶尔去妈妈和婆婆家蹭饭，等到晚饭后再辅导孩子学习。儿子每周四的英语辅导班下课很晚，这个时间段她就和相处多年的好朋友去唱歌、逛街和美容。

她待在家乡，怡然自得，开心得不行。

R小姐大我整整十二岁，在家乡当全职太太已经有十几年了，平日里聊天总把我当个妹妹，她微信里跟我说："我这个人啊，不懂得算计，太不适合做生意了，就喜欢这么悠闲晃荡的日子，一天天挺开心的。"

从她口中得知，她的先生做生意一直稳扎稳打实实在在地往前走，不融资不扩张，每天到点就回家吃饭陪儿子。在他们眼里，孩子和家庭才是人生最重要的事业，当然也不是以失去自我生活为代价。

R小姐最爱跟我分享她的人生理念，她告诉我："等年纪大了，如果还在为孩子操心，那即使自己的事业再成功也是失败的。"

听她安静淡然地跟我聊日常生活的时候，我忽然发现，原来R小姐的成就感来源于家庭，她压根儿不想浪迹天涯，她出去留过学看过这个世界，然后发现自己还是热爱家乡稳定的生活，选择了不激进融资扩张做生意的老公，自己也并没有欲望追求豪宅和豪车，她这辈子追求的就是这般稳定的生活，和足够多的家庭陪伴。

她追求的这种生活，在她的人生版图里，就是最完美的。

那时候我才深刻地理解到，比起一被鸡汤洗脑就要出去闯荡，更重要的是明确自己的内心。

有很多文章告诉我们，女人要独立，女人要赚钱，女人既要有自己的兴趣，又要打理好家庭，这些文章把女人说得像个超人，认为唯有女人自己赚钱才能够拥有足够多的选择权。

但是每个人都有自己想要的生活，也有选择的权利，当一个人和周围一群人的世界观、价值观格格不入的时候，那么这个人一定是众矢之的。但事实上我们应该尊重自己和别人的选择，让喜欢在家的女人出去闯荡，就好像逼着一个没有方向感的人开车，方向不对，出了问题就可能影响终生。

很多人也的的确确可以一生简简单单相夫教子，把单纯而充实的家庭生活当作最好的个人选择。就像R小姐一样，不活在别人的期待里，不会因为外界的任何声音脱离自己原本想要的轨道和违背自己的内心，她看过了这个广阔的世界，然后找到了真正的自己。

我想起这样一句话：“我喜欢这个有野心的社会，也喜欢它偶尔没有野心的时刻。”

不要劝一个不喜欢闯荡的人出去闯荡，不要让没有野心的人野心勃勃，更不要拿自己的价值观去衡量别人的生活，因为这也是一种道德绑架。正如我表妹，合肥长大，南京上学，在北京当过北漂，在时尚杂志做编辑，每天跟各种品牌和明星打交道，声色犬马好不热闹，但她最终依然选择回到父母身旁。当我再遇见她，明显发现她回到家后开心多了。

别让喜欢在家的女人出去闯荡，也别让喜欢出去闯荡的女人守在家，尊重每一个人的选择，平和看待这个多元化的社会。

我们理应活出自己想要的样子，而非任何人期待成为的样子。

我们闯荡与否，都是人生的态度，要懂得为自己的选择买单。别人的看法和期待，都不能成为你人生的那把钥匙，过什么样的生活只取决于你自己。

愿你可以摆脱别人对你的期待，活出真正的自己。

命运的起承转合
都是一次变美的契机

我不是那种从小就美的女孩。

初中的时候正值青春期，在那个以瘦为美的少女时期，我体重微胖，暗恋隔壁班的男生，暑假前夕表白惨遭拒绝，之后在家里整整哭了一个暑假。临近开学，妈妈带我去了附近最大的商场，为我精心挑选了一件白色连衣裙，推我进更衣室换上，把我拎到明亮的镜子前面，跟我说："你要记住你有多美，以后会有大把的人爱着你。别再哭了。"

自此，我不再胡乱海吃，把晚饭的面条换成燕麦，放学路上小跑回家，久而久之，开始变得好看起来。少女时期懵懂的失败暗恋，是我第一次变美的契机，自此知道：每一次的变美，都是人生姿态的翻新。

其实大多数女人变美，皆因命运的反转。

不久之前得知一位不太熟悉的女朋友，没毕业就嫁给了有钱人家，先是过着要什么有什么的富贵日子，结果一连生了两个女儿之后，遭到婆家嫌弃，甚至被婆家拆散婚姻。她在无数个夜晚流泪哀怨，脸颊失去了光泽，最终在无数次失落和绝望后，决定带着两个女儿净身出户，从别墅搬到出租屋。后来她从卖自己的名牌二手包包开始，再到研究花艺，开花店卖花撑起了整个家。

再次见面，她褪下了脸上的庸脂俗粉，也没了眼泪和哀怨，她更美了。命运给她的礼物她全盘接受，但她亦有自己的姿态对抗命运带来的苦难。她站在人生的分岔路口，决绝地全力以赴爬出泥沼和困境，那种美，是命运赐予她的全新模样。

《穿普拉达的女王》里安迪从土包子变成时尚达人的故事，一直是我最喜欢的桥段之一。

她从美国中部独自闯到纽约去面试时尚编辑的助理工作，

她穿着过时的驼色外套和毛衣，留着一头不修边幅的长发，站在时尚集团的办公室里，好似一个麻雀站在天鹅中间。但即便主编看都没有看她一眼，并且在面试中途被打断，她依然认真地告诉女魔头："我知道自己不够苗条漂亮，但我很聪明学得很快。"然后礼貌地回复谢谢转身离开。

本应被淘汰的她获得了这份工作，接下来她一面要忍受同事的嘲笑，一面要独自解决老板提出的刁钻方案，从想办法调直升机再到在重要活动前背下所有出席者的姓名及相关背景，为老板解决问题和麻烦。除此之外她还学习品牌知识和服装搭配，接受嘲笑也暗暗换装，她的变美，是在一次次的刁难中获得的，她不甘也不安于那个过去的自己，她调整、适应、迎接、拥抱新的环境和挑战，那种美，是在事业里从兵荒马乱到镇定自若的笃定和勇敢。

还有《绝望主妇》里的夏洛特，她一直是这部美剧中最完美的优等生，高中开始就是最受欢迎的女学生，她事事如意，面容姣好，跟律师男友结了婚，并且拥有一份完美的工作，但是她一直没有怀上孩子。她到处去看医生，却始终没有结果，久而久之郁郁寡欢、无心打扮，连婚姻关系也直线下降。她不再那么美得让人动容，直到有一天，她开始接纳这样一个不太完美的自己，也接受了这样的现实，重振旗鼓，决定面对真实的人生。当她再次踩着高跟鞋，穿着抹胸和短裙走在曼哈顿街头的时候，是她全剧里最美的时刻，那种美，是生活里的又一次新生。她知道自己可能永远也实现不了生孩子的愿望，她的完美生活终有瑕疵与难堪，但她依然决定要大步迈向这并不完美的一切。

大多数的我们，不是天生的美人，但是正所谓三十岁之前美貌靠爹妈，三十岁之后容貌靠自己，当生活和事业背过脸不给你好看的时候，至少你要学会自我救赎与抗争，用自我的力量让自己美起来，不是单纯的貌美，而是从心底里奔涌而出的底气。

人越成长，越知道命运是个毫无定数的事情，丢了工作丢了爱人，大可不必惊慌失措，任何一次洗牌都是你命运反转的好机会，更是你姿态和外貌迭代更新的好时机。

爱人走了可以再次寻找，你无须讨好他人，更无须委屈求全，重振旗鼓化妆打扮，找回自己再战江湖，依然是一条好汉。

事业没了可以重新挑战，你无须沮丧焦虑，时代的浪潮本就是我等凡人不可控制的，你重新梳理自我优势，找到性格优点，培养兴趣爱好，换了新工作或是创业做生意，都可能让你有一番全新的面貌。

生活事业婚姻爱情里，令人沮丧的事太多太多，勇于面对，积极开始，让每一次命运的起承转合成为你变美的契机。生活很难，变美相对简单，用最美的姿态面对生活，我知道，你会更从容，更好看。

年轻的时候别急于攒钱

新认识一个刚毕业的小姑娘妙妙，一个月工资6000块人民币，扣除3000块房租，剩下3000块除去上海高昂的地铁公交和吃饭费用后，剩不下多少。小姑娘恨不得每天不吃饭只喝水，每个月节省下1000元，放在银行里。

有一日我路过她公司，喊她出来吃饭，妙妙几番推却，直到我说，朋友新开了一家餐厅在她公司附近，我去尝鲜顺便请她吃饭，她这才下楼赴约。

“你怎么来了上海一次都不跟我出来吃饭，而且上海这么多好吃好玩的，你怎么也不去体验一下？”

"姐，我想省钱。"

"省钱？你没事省什么钱啊？"

"我不知道，就是想把钱省下来，不乱花，放在银行里，看着钱多一点，安心！"

我边吃饭边问她："那你现在攒多少钱了？"

姑娘低头打开手机："来了半年多，攒了5000多了吧。"她露出一丝骄傲的笑容。

"你攒着钱干吗用，你爸妈是需要你寄钱回家吗？"我又继续问她，

"没有啊，我爸妈在老家当公务员，吃穿不愁，主要是我觉得年轻人要多赚钱，所以我就把钱都省下来了。"

我看了她一眼，哭笑不得："姑娘，你一个月6000的工资，又没有家庭负担，这个钱再怎么攒，都攒不出大钱来的。你现在的工资，除去房租水电，剩下的应该拿去投资自己，上英语课报健身班，哪怕到外面多去跟朋友吃几次饭都是好的，你攒的不是钱，是包袱啊！"

妙妙愣住，默默吃完饭走了。

试想一下，一个刚出社会的年轻人，倘若没有家庭的负

担，也没有养儿育女的责任，正是看这个世界了解这个世界最好的时间段，有大把的时光投资和丰富自己的生活。可以周末看话剧听音乐剧，也可以约上三两好友一起上健身课，一起吃Brunch……大城市里的生活丰富多彩，足以给你最多元化的视角和机会，去尝试人生各种各样的可能性，而这些尝试，一来是丰富自己的视野，二来也有可能因为认识新朋友，而多一些新的机会，三来还有可能发展成为斜杠青年，甚至挖掘出自己的天赋，让你从此有了全新的人生。

当然，这些都需要一定的物质基础，但不管怎么样，一个正常上班的白领，只要开支合理，每个月是可以有剩余的资金。这些钱，论攒，攒不出任何数量级，不如把钱用来投资自己，等到一个月赚五万十万了之后，再考虑攒钱这件事。

与其攒钱，不如学会花钱。

但是我所说的花钱不等于单纯满足物质欲望，有些年轻姑娘攒了好几个月的零花钱，只为了买一只名牌包包，甚至不惜刷爆信用卡集齐口红色号，这种不匹配自身消费能力的物质欲望，花出去的钱就如同流出去的水，本身不具备任何意义和价值。

每年的双十一双十二，很多人会因为打折而购买没用的商品，那些手滑扔进购物车的东西，仔细想想，真的有用吗？

对于花钱我有三个准则：节省时间的钱必须花；免去麻烦的钱必须花；提高自己的钱必须花。

其实时间是最宝贵的，尤其在大城市，花在路上的时间更是无法计算。我出行的原则是只要快一点，多花点钱也是值得的，打车多花的钱，性价比远高于辗转换地铁，你可以在出租车里安静地背单词或者进行一场电话会议。

我经常出国，总有人问我办签证的流程，其实我对此一无所知，我通常的做法是找一家专业的代办机构，多花几百块钱，可以省很多力气，比起网上搜索如何办签证，再找资料到处跑，不如交给专业的人。每次代办机构都会利索地用一条微信交代我要准备哪些材料，方便又快捷。同样，还有各种代跑腿业务，免去你跨越整个城市的两端只为了拿一份文件的麻烦。

提高自己的开销就更不用说了，我时常会买了机票，目的只是去为了上一节课或者跟一个行业内的牛人接触，这种得到信息与资源的方式所带来的价值是不可估量的。刚毕业那会儿，我几乎把所有的钱都用在学英语和学新知识上，现在也是一样，我会去购买各种付费课程，了解更多元化的信息。与此同时，我还会定期出去旅游，雇用一个当地向导带我去领略真正的风土人情。我还会花钱买书，买私教健身卡，还会固定请老友吃饭，组织行业内的人一起聚会喝茶，这些花出去的钱，每一样都在投资自己，全方位提升自己的竞争力。

当然，也并不是所有的物质欲望都毫无意义。我身边曾经有个姑娘把所有的钱都用来买口红，但她不单单是买口红，还会自己拍照试色，跟大家分析色号、润唇程度、保持颜色的时间长度，在网上坚持写测评写感受，拍精美的照片。久而久之她成为一个美妆类的博主，如果不是她，我想象不到，原来买口红竟然也可以开辟出一种职业，所以即便是为了满足物质欲望的花钱，也要辩证地看。

学会花钱，投资自己，会提高自己的竞争力，拥有更宽阔的视野，比年轻时盲目攒钱要重要得多。学会花钱，让金钱成为自己成长路上的利器，也增加自己赚钱的动力。

相信我，你越懂得花钱，越不会缺钱。

懂cosplay 是幸福生活的一大法宝

早年认识了一个生意场上很厉害的姐姐，做生意十几年基本没有失过手。

我见过她从零到一拿下无数合作方，也见过她自如管理各式各样的员工，在生意场上可谓是呼风唤雨叱咤风云，用实力赢得所有人的尊重与信任，但是相对于那个在公司里魅力无限的女总裁角色，她的家庭角色扮演得着实不易。

生意场上，最怕的是被竞争对手知道过多关于自己私人的信息，不利于工作也很容易被人利用。姐姐与我完全不在一个行业，相识之后反倒对我很是信任，喜欢找我聊天，而我在一次次跟她的接触之中，也加深了对她的了解。

某个周末的晚上她拉着我去外滩吃饭，酒喝到一半，她靠在窗边，望着窗外的夜景，略带悲伤，举着酒杯，晃了晃里面的红酒，跟我说："有的时候有些人的有些角色都是身不由己的。我虽然在外风光，可内心的难言之隐又有谁能懂呢？尽管事业上顺利，家庭生活反倒坎坷，老公不支持我的事业，对我冷嘲热讽甚至冷暴力。我最疼爱的儿子也不听话，凡事都要和我对着干。每每拖着疲惫的身体回到家中，处在那个冰冷的房间，没有欢声也没有笑语，真的感觉很挫败。"

她怎么都想不到，在外万人敬仰，在家却败得一塌糊涂。

吃饭途中，她的儿子给她打电话，大概意思就是因为同龄人都在踢足球，自己也想报一个足球班。她在电话这边应声喝道："不行！刚学了小提琴又要报足球班，高考在即，时间分配得开吗？足球能给你带来的利益有多少？能加分吗？而且最近你的老师跟我说，你现在有早恋的迹象，我不知道你到底是真还是假，但是最好给我掐断这个念头。别跟我废话了，我为你做的决定，从来不会错的。"这一连串话快速说完且毫无商量的余地，她讲电话时的态度与神情，就好像面对公司做错事的员工，冷漠不近人情。

“姐，你平时在家里都这么跟儿子和老公说话吗？”犹豫了半天，我问道。

“对啊，不然还能怎么样？我不会害他们的，都是为他们好啊。”

“我觉得，在家里和在公司要分开，如果老带着公司和职场上的态度回到家里，很难能和家人相处愉快。”我口直心快地说。

姐姐沉默半晌，望着窗外叹了口气：“可能是我真的在外打拼太久，已经很少有人跟我说这些了。我也的确是领导惯了，平日里在家也是这架势，他们要是不听我的话，我就会觉得是反抗，但是其实他们已经不怎么听我的了。不过，谢谢你。”

她很快扭转了情绪，与我聊了些职场与生意的事情，吃完饭后，我们便各自回家。

回家的路上我很感慨，随着年龄的增长，心智的成熟，我们已经不再是学生、孩童，我们可能是一家企业的管理者，一个部门的小领导，一个男人的太太，一个新手妈妈，我们也已经不单单是自己，我们扮演着越来越多的角色，担负着越来越多的责任，思考着越来越多的问题，面对着越来越多的结果。最重要的是我们再也不能用单一的身份去面对单一的角色，我们要扮演好每一个角色，才能保证这个世界还能对我们温柔以待。

领导需要职场上的专业能力，全职太太需要懂得生活技能，即使作为一个女朋友，也要扮演好那个嘘寒问暖的人。每一个角色里我们都有不同的相处模式，没有标准也没有教科书，全靠自我衡量与把握。如果把工作的状态带入生活，又将生活的情绪混入工作，结局肯定不会尽如人意。试想一下，一个每天把儿子当员工教育的人是多么可怕。

我的那位姐姐，正是把家当成公司，混淆了角色，才会在家庭里出现问题。

刘若英的角色转换，一直被我当作学习的案例之一，她曾说过这样一段话："首先我非常幸运可以做自己很喜欢的工作，如果我没有那么热爱我的工作和家庭，我可能早就垮了。我每周演唱会结束都要到晚上十一二点，整理一下就到了凌晨两三点，但我第二天一定是坐最早一班飞机飞回台北，中午前就到家，到家立刻变成老妈子，我没有请保姆，周末我开演唱会，就请朋友和家人帮忙，平时我能自己带都自己带，我很享受，不管我是做媳妇还是当妈妈。我常觉得娶我真的很好，经济独立，有喜欢的工作，其实选择自己喜欢做的事情，累就不觉得那么累。”

明星也好，平凡人也罢，有了角色扮演，生活才有滋味，这些角色并不是为了做给谁看，而是我们如果想要享有那种幸福，就需要担负起相应的责任，每一种角色在享有存在感的同时，也要做好相应的付出。

拎得清界限，把握好标准，将每一集剧情都演到结尾，观众怎么评价不重要，结局美好才是终极目标。

你无须因为外貌的不完美而自卑

我曾经是一个特别自卑的女孩，从小因为走路姿势不正确又没人纠正，导致我小腿肌肉发达，看上去很粗。在这个以瘦为美的时代，对于女孩来说，腿粗就会被人拿来嘲笑，而且是没完没了的。

从小学开始“大象腿”的称呼一直伴随我到高中，以致到了大学我都不敢穿裙子或者紧身裤。夏天里我是最热的那个，冬天里我是最丑的那个。就这么一直在阴影里走过了许多年，但是突然有一天我发现，我的裙子已经挂满了整个衣柜，我的衣服再也没有宽松的板式，我已经不在意别人的看法，虽然我的小腿依然有着发达的肌肉，但却摆脱了当年被别人喊“大象腿”的阴影，能够骄傲又有自信地穿着短裙，站在公众场合，骄傲地展现自己。我从自卑到自信，也走过了很漫长的一段时光。

谈到自卑这件事，我想每一个人都有自卑情结吧，不够优秀不够白不够美，任何一件很细小的事情都可能成为我们自卑的理由，而现在我想跟你们分享治疗自卑的方法。

我曾因为小腿粗自卑到连被陌生人看一眼都恨不得躲起来的地步，直到后来我开始练习瑜伽。因为练习瑜伽，我开始穿上短裤，站在偌大的镜子前，认真观察自己的腿，我发现，咦，原来我的腿好像并没有想象中那么粗。

之后我离开家乡，来到上海，没有了往日的旧同学和老朋友，进入到全新的环境中，我惊喜地发现，没人在意我小腿粗细这件事了，久而久之，我开始放下内心的这个小纠结。以前每每穿上裙子，我都会问周围人：“你看我腿是不是很粗？”这个问题如此具有针对性，使得大家都格外关注我的小腿，所以我得到的答案无一例外都是“好像的确有点壮”。

后来到了大学，忽然有一天我发现大家似乎不再提起我的小粗腿，有一天我开始尝试穿短裙，并且问室友：“这条裙子好看吗？”那一次，我清楚地记得室友回复我了两个字“好看”。

再然后，我被这座陌生的城市吸引，想要拼命汲取能量向上生长，我四处投简历找寻实习机会，那时候我的人生目标是留在这个绚烂的城市里。

毕业之后我继续升级打怪，在一次次创业中不断认识自己的能力和位置，也不断提高自己、修炼自己，慢慢地在这座城市站稳了脚跟，有了朋友，有人赏识我，也有人讨厌我，我也越来越忙。

忽然有一天我发现，什么小腿粗不粗的，这件曾经觉得是自己缺点和耻辱的事情，竟然被我忘在了脑后，想起这件事的时候，我穿着紧身短裙，走在上海的街头。

我愈发自信起来，当然我并不是不在乎腿粗这件事。我依然热衷于瑜伽、按摩和健身，想让自己更美更瘦，但是我能够接受我略粗的小腿并且抱着愉悦的态度积极改变它，甚至当有人说我腿粗的时候，我还会开玩笑地反驳回去：“那是你不懂美！”

我从自卑走到自信，不是因为我变得完美，而是我在成长过程中努力提高自己，发现了自己身上其他的闪光点。当你身上的某些特质开始发光发热，让你成为焦点或者成为你谋生的本领时，你会转移目标，沉浸在更多你需要关注的事情上。我们忙着升职加薪，忙着恋爱，忙着跟好友喝茶，忙着看这个世界，到那个时候，我们不是不再在意外貌上的缺陷，而是会坦然自若地接受它们，并且开始学会用欣赏的角度看待自己，改善自己。

不仅如此，你还要离开那些盯着你缺点看的人。当我离开家乡进入大学，人人有各自的生活，没有人再评判我的优缺点，我自然而然就忘了这件事。你也要懂得正视自己，才会从中发现自己的与众不同，更重要的是，美本身就是一件没有标准的事情，没人规定你一定要大眼睛小脸蛋，你有属于自己独特的美好。

当你知道自己是谁，并且开始找到自己人生的方向，你会越来越有气场，随之你也会越来越有魅力，而魅力与气场会让你更加自信，你会开始有自己独特的味道。如果你眼光放得再长远一些宽阔一些，你会知道这个世界本就是多元化的，你的美总会有人欣赏。

那些曾经在你生活中，让你耿耿于怀的外表上的小缺陷，说不定恰好是你最迷人的地方。

只有走过的路，没有唯一的路

PART 6

你内心的真实选择才会让人生走向想要到达的彼岸

从普通留学生到巴菲特的座上宾

Pocket是我见过的最传奇的一位姑娘，二十三岁创业，二十四岁成为登上亚洲福布斯三十岁以下创业青年榜单最年轻的女性，二十五岁拥有自己的基金，成为巴菲特的座上宾。她从一个青涩的姑娘成为霸道女总裁，两年之内投资了美国、亚洲欧洲四十多家以女性为主的初创企业，现在已经是投资界很有分量的重要人物。她致力于投资女性创业者，也致力于为女性发声，她代表着金字塔最顶端的“90后”。

她从不认命，更不甘于平凡，她不否认自己的幸运，也不夸大自己的努力。

我于纽约认识Pocket，后来相聚于上海，说起来也是奇怪，对她最深刻的印象，不是她的工作和光环，反倒是她的笑容，自信、灿烂、骄傲，像在对着世界说：你看，这是属于我们年轻人的黄金时代。

Pocket十八岁赴美留学，二十二岁大学毕业后本该按照计划，跟其他留学生一样去大公司工作，却因为没有抽到美国工作签证（在美国本科毕业之后，要想留在美国，需要抽取工作签证，这个签证是随机的，因而具有一定不确定性），她选择考研究生再次回到校园，同时选择了奖学金给得最多的专业“创业与创新”，也从这里开始，她的人生出现了奇妙的转折。原本想毕业就去大公司工作的Pocket，对创业产生了巨大的兴趣，于是她几乎参加了所有校内校外各种创业科技类活动。很快她发现整个行业里的女性寥寥无几，觉得老是自己一个女生特别孤独，想要鼓励和帮助更多女性接触到创业和科技领域，于是她改变了原本毕业就去大公司的想法，索性自己成立了女性创业社区SoGal。

跟Pokcet接触久了，你会发现她本身就是自带能量的小野兽，她的身上没有年龄感，也没有性别感，谈及投资，她有着长远的眼光。她不是急功近利的投资者，而是像巴菲特那样希望能够投资往后十到二十年有前瞻性的项目。同时她的初衷也是想将这样不设限的精神带给更多的女性——身为女人，我们不仅可以打破所有来自外界对我们的束缚，更可以通过女性独特的视角去提高和促进我们所在的任何领域。

她总是鼓励我说："我们的能量比我们想的更巨大。"

她的成功有两点关键因素，一是因为她早早就发现了自我。

什么是自我，大多数的我们，在社会的期待和约定俗成的规则中一步步走着，很多事情并非自己内心想做，而是应社会要求去做。比如到底是闯荡大城市还是回到家乡，选择A男还是B男，很多事情皆因被他人束缚，使得我们活在眼前狭小的天地中，觉得未来看不到希望。

发现自我是一条人生的必修课，多去看看自身之外的世界在发生什么，不断地跟自我对话，不要怕折腾，做一切你想做的事情，尝试的越多，看到的越多，迷茫就越少，挣扎也越少，你会慢慢清晰地梳理出自己内心真正的渴望。

Pocket在不断尝试中找到了自己内心所爱，下决心要为女性发声，要扎根到女性较少的投资行业中投资女性创业者，因此她在事业道路上，越走越宽，也发生了无数奇迹。

二是时代的力量。

Pocket从不否认自己的幸运，她在如此年轻的时候创立了SoGal，恰好这个时间段，女性意识崛起成为一股趋势，大家开始意识到，女人原来可以不仅仅做一名好妈妈、好妻子，同样可以去打造出属于自己的事业。有时候我觉得这是个最好的时代，是属于我们年轻人的时代，我时常热血沸腾，觉得这个时代中的每一个人，都可以冲出门去呐喊和宣告属于我们的英雄主义。

从2016年登上福布斯排行榜之后，Pocket最初觉得兴奋和不可思议，而现在却觉得身上的担子越来越重。她从一个初出茅庐青涩的姑娘，到现在成为一名小有成就的女性投资人，我很荣幸见证了她的成长与蜕变。

刚开始投资的时候，Pocket会在意和追寻老牌及权威投资机构的声音与看法，但是随着自己越发深入地了解，她开始渐渐有了自己作为“90后”独特的思考和判断方法，因此投资了不少家较为成功的初创企业。从被人质疑到拥有自己的信誉与名声，这个过程，她挣扎过、质疑过，但最后走出了属于自己的投资之路。

2017年她与合伙人受邀参加微软第21届CEO峰会，该峰会由比尔·盖茨夫妇和巴菲特共同举办，每年只邀请全球一百多名最顶尖的CEO参加，她成为比尔·盖茨和巴菲特的座上宾。她告诉我说，在这次会议中，她惊讶地发现原来世界最顶级的公司都很困惑，不知道该如何吸引新生代，而她正在做的，则是用自己的思维方式去投资新生代，了解“95后”“00后”的想法与习惯，她不知不觉发现自己其实做到了别人想要做却没有做到的事情。

时代造就了她的成功，也给了她全新的世界观和价值观，在她的世界里，女人也要坚韧与坚定，要有自己的格局与天地。

坚韧，是不给自己设限，也从不去妄想，每一步走得踏实。Pocket从一穷二白在洛杉矶挨家挨户敲门拉赞助做活动开始，到说服一个个投资人给她资金做基金，再到做投资耐心地跟创业者多聊天多咨询多服务，她从未觉得有什么艰难的，时常一周飞遍好几个国家，飞机上工作，下飞机后第一时间投入工作，从未顾及时差这件事。

坚定，是当你找到内心所爱，你所做的一切不仅仅是为了工作，还是一种使命，为此付出一切都认为是理所应当。

而格局和天地，则是不断探索这个世界的未知，愿意与各种各样的人打交道，也愿意吸取来自周围人的意见，最大限度地拥抱未来的不确定性。接受生活带来的挑战，从不惧怕失败，因为不管成败与否，你自己走过的每一步，都是你独有的人生经验。

时代在改变，多一些尝试，少一些束缚，不是每个人都适合创业，也不是每一个人都能够年少有成，但是每个人都应该有一个创业者的心态，去改变想要改变的事情，去创造你想要的生活。

Pocket选择做一名女性投资人，站到了世界最顶端的位置为女性发声，已经获得了阶段性的成功。然而让我更为感动的是，她始终选择追求美好的未来，对待突如其来的名利淡然处之，并且一直积极引领周围的姐妹们直面生活和工作上的挑战。

没有任何人的人生有规律可遵循，大胆探索，正视内心，相信前方会更加精彩。

纽约名利场的艺术作品搬运工

其实我跟Miss M一样，曾无数次在安稳的生活中问自己：这真的是我想要的生活吗?

然而所谓过自己想要的生活，有时候是个伪命题，因为我们理想中的生活，会根据人生的不同阶段产生变化，而想要寻到真正的心之所向，需要不断地探索和验证。

人生就是一场充满困惑的行走。

Miss M在家人和朋友眼中是一个任性又自在的人。她的生活本来可以按部就班地过，然而却被自己搞得充满波澜。

她是法学学士，却在大学的时候和好友换专业研修了两年哲学。在大学同学都在想着怎么考研，如何找一份安稳工作时，她脑子里装的都是怎样能成为商界女强人。

于是她放弃家人安排的工作，放弃大学所学的专业，去了一家大型外企，从助理做起。自上班那一刻开始她几乎没有休息过一天，五个月内便让自己部门的销售额翻了一倍，打破了整个公司的最高销量纪录，两年内便从助理做到了区域经理。

她当上了理想中的女强人，却被她喜欢的男生评价“你变丑了”，紧接着又毫无征兆地因为劳累突发心肌炎。她被迫躺在病床上的时候，第一次思考：我为什么要这样的人生?

她辞了职，很俗套地开始了一场西藏之旅，然而她并没有在旅行的路上悟出什么道理，她只想明白一件事：以后再也不要那么拼命地工作，再也不要做什么女强人了。她给了自己一年时间在人民大学旁听哲学博士课程。

在她重新回到职场时，选择了一个体面又平稳的工作，进入了一家大型国企的市场部。生活安逸却充满困惑，她靠旅行来缓解内心的焦虑，每年所有的假期都行走在路上。在旅途中她遇到了艺术，每次停留在欧洲的美术馆，她都有种不想离开的冲动。直到2013年，她又得了一场大病，她再次决定辞职。

为了出国念书，申请了对她来说最简单的MBA。然而对于一个不再想把女强人作为人生理想的她来讲，MBA的课程让她感到索然无味，加之纽约的寒冷，一个学期之后，她休学，想找个温暖的地方，再找个自己想学的专业。

她从纽约出发沿着美国的海岸一路向南，经过华盛顿、费城、迈阿密、加勒比、LA，最后落脚在了三番。这一路她毫无例外地走访各处的美术馆，到达三番的时候她已经决定要学习艺术史。

一年半以后，Miss M面临一个问题，如果要拿到学位就必须加修一门欧洲语言，学习第二门语言势必会分散对于艺术史的研究。这一次她很清晰地知道在人生这个阶段已经不需要一个学位给自己加分，愉快地学习自己需要的知识就够了，她决定休学不再念下去。而且此时，她也有了一些对未来的想法。

在旧金山的时候有艺术家朋友向她求助推广作品，所以她决定回国筹办一个免费帮助青年艺术家推广作品的平台，并且希望这个平台可以将艺术美学带入生活，让艺术美学丰富人们的生活，同时也可以为企业提供更多的艺术解决方案。

创业中最不可避免的便是来自周围的纷纷扰扰，对于Miss M来说，圈内人一直在说不知名的艺术家无法赚到钱，这些艺术家本身也未必可以坚持艺术创作。尽管如此，她依然坚持签下不知名的艺术家，从卖他们的作品开始，到做艺术衍生品，再到为企业提供艺术解决方案，她希望把艺术更多地放到商业中来展现。除了表达这样一种生活方式之外，她也希望用更多的渠道和途径让更多的普通人可以接触到艺术家们。

我有些疑惑，为什么Miss M总是在放弃自己已经稳定的生活，为什么总是会在某段时间里觉得这不是自己想要的生活。

她告诉我，她永远都是选择自己最喜欢的事情。不管是刚毕业的那会儿想成为女强人，还是想去国企，还是选择出国念书，确确实实是她在那个阶段最想做的事情。

只是人的成长与环境就像小孩子和衣服关系，在每个阶段一旦成长到所在的环境不能承载的状态时，我们就会感觉被束缚，这个时候能清醒地认识这一点，并努力寻找适合自己的成长环境，是一种成全自己的方式。

人生很长，我们不应该在一个约定俗成的生活里，不该有固定的模式，每一个经历都是为了成全更好的自己。好好感知自己每次或好或坏的际遇，随自己内心的需求去争取最期盼的人生，将会是一种好的选择。

然而随着内心的成长，每当现状不能满足人生需求的时候，她便会选择跳离开自己的舒适圈，不管为此会付出什么样的代价。

我不知道该怎样定义Miss M的创业，因为在我眼中的Miss M所做的事情，并不像我所理解的在资本市场上有巨大想象空间的项目，所以她也笑着跟我说她是“被定义在创业”。创业这件事情的目标也并非要以融资上市为单一的衡量标准，于她而言，现在团队里每一个人都是多年的好友，跟自己喜欢的人做喜欢的事情，并且可以成就更多的艺术家，将艺术带给更多的人比赚钱更让她兴奋。

想要把艺术带给更多的人，坚持小而美的精致生活，也是一种野心。

我最喜欢她说的这样一段话：“我不是一个旅行者，我只是在经历我的人生。我不好奇景色，我在乎那些不同文化留下的温暖。我的目标不是周游世界，而是快乐，在我停下的时候也会是快乐的状态。”

对于她而言，梦想便是自在地生活，她舍得放下现有的稳定，也敢在全世界寻找，总之我喜欢她身上散发着的坦然。

人生很短，能满足自己的时候尽量满足自己。

想要过自己想要的人生，必然会有所失去，但能过得更自如更坦然，就不失为一场不错的交易，不是吗?

坚持自我才能找到真正的爱情

Susan是我极其欣赏的女人，她出生于二十世纪六十年代，有两段婚姻，一个漂亮的女儿。

她在第一段婚姻失败后积极生活，探索内心，最后在大洋彼岸寻找到了完美的第二段婚姻。

不管你承不承认，我们每一个人或多或少都在期待完美的爱情和完美的婚姻，但是我们也在疑惑：到底什么是好的爱情，什么是好的伴侣，婚姻、感情的失败对一个人来说是好还是坏？这些统统都没有固定的答案。

Susan二十岁的时候有了第一个男朋友 ，二十三岁结婚，二十四岁有了孩子。那时她和所有年轻懵懂的姑娘一样，对爱情的期待都是凭着自己的想象，而她的想法多是基于文学作品中的描写，希望伴侣有好的外貌，好的学历，认为只要彼此相爱就可以掌握美好未来。

但是当她走过了十年的婚姻，和十年单身的日子之后再去回头看，才逐渐清晰了内心到底需要什么。

对现在的Susan而言，婚姻不仅仅要有物质的基础，夫妻双方内心层面的追求还要保持一致，要有共同生活的经历，懂得互相赞赏，认可彼此的过去。

Susan第一段婚姻中，两个最大的矛盾在于彼此价值观完全不同。

她在儿时被父母管教得很严，婚后则跟着第一任丈夫去了很多地方，二十五岁之前她在图书馆工作，安安稳稳朝九晚五。然而二十五岁的时候她却毅然决然地选择从国企辞职下海，那一年是1993年，她在思虑后进入了房地产行业，又赶上当时中国经济发展的新浪潮，Susan的事业风生水起，而她的先生却依然希望她待在家中，她的发展也给当时的伴侣造成了很大的冲击，使得他们之间的矛盾日益激化。

Susan的观点跟我非常相似，对于婚姻关系中男人打拼事业，女人相夫教子的模式并不否定，但对我们个人而言，当我们开始追寻更宽广的世界，并且开始享受和拥抱新生活的时候，我们是诚心希望对方一起踏出原有的舒适圈，与我们共同发展。

所以女人在结婚前，就应该搞清楚自己的核心诉求，你到底是喜欢去看更宽阔的世界，还是喜欢做一个乖巧可人的少妇。

当然，人生也没有最好的选择，我们都在不断地成长和变化，所有的经历都是财富，就像Susan说的："从二十三岁嫁人，撑起一个家庭，到发现自我价值，发现我们之间的价值观冲突，以及到最后的自我发现、自我提升，包括我最可爱的女儿，都是我的婚姻带来的，我感谢我的婚姻。"

假设你在看这篇章的时候已经进入婚姻，却并没有想清楚自己到底该何去何从，或者在思考自己是否应该去追寻自我价值，或者在考虑重新一个人生活的时候，你一定很踌躇，到底什么样的选择才稳妥?

这个选择我无法给出答案，但不管怎样，你需要保持住那颗热爱生活的心。

Susan最终选择了离婚。

我曾经以为离婚会是一个人很大的低谷，直到跟Susan聊天接触下来，才发现原来并非如此。首先，对她来说，婚姻是一个成长过程 ，一个过程是不能用好或者坏去定义的。

其次，Susan在长久的探索和挣扎后确定了前夫没有办法与她一起携手往同一个方向前进，她看到了他们之间不可调和的矛盾，她也深知无法改变他，这时她选择离婚，选择追求自己的人生价值，而不愿意去做前夫的附属品。

离婚对当时的她而言，是一种解脱。而解脱之外，事业则向一架直升机，把她带向了更远的地方。

她从在房地产公司做策划到去陕西电视台的广告部，然后又开办了自己的公司，四年时间公司已经有了一定规模。没到三十岁的时候，Susan已经在电视台买下了一周十个小时的时段，有自己的专属秘书和司机。事业给了她极大的信心，也给她提供了无数的可能，她第一次感受到为自己人生做主的喜悦，把她的潜力和能量也发挥到了极致。

将近十年的单身生活，Susan带着女儿过得有滋有味，但她始终没有放弃对爱情和婚姻的向往，后来竟然童话般地在美国又再次遇到爱情并且进入婚姻。

我问Susan如何能够保持独立的自我，并且一直坚信会拥有自己理想的爱情?

Susan爽朗地笑笑跟我说："我一直相信美好的事情，这个世界上每个人都有两万个人会爱上你，随着个人的成长，不符合要求的已经PASS掉了，你也会慢慢地知道自己要什么。而正是因为一直有这样的信念，时时刻刻相信爱情，才能与爱情相遇。"

她一直在跟我强调，相互尊重和理解，还有内心的共鸣，才能让伴侣之间拥有很高的不可替代性。

大约在十八岁的时候，我对小说里的一句话印象深刻："没有人永远十八岁，但却永远十八岁。"即便是结了婚有了女儿，Susan大大咧咧的样子依然如同十八岁的少女，相信爱情也拥抱未知。

她跟"90后"的女儿如同闺蜜一样，一起接受新鲜事物，常常与女儿探讨梦想。在2016年末，女儿也在她的启发和激励下，成为一个创业者。

她与女儿的关系不似传统母女，时代的特殊性造成大多数中国母亲总是会一门心思扑在儿女身上，为他们而活着，儿女的喜怒哀乐、成功与否直接影响到自己，也无形地给儿女很多压力。她们作为女性，自我的缺失使得生活失去了很多原本应该有的快乐。然而Susan不一样，她强调，自我比任何事情都重要，到老都应该为自己而活，而不是为其他人活着。也正因为Susan的这个个性，才使她拥有了第二段幸福的婚姻，也是一段佳话。

在我以前的观点里，爱情是爱情，婚姻是婚姻，两者很难相容，但是Susan却说，她现在的婚姻是她人生中收获到的最好的爱情。

婚姻需要有一定的妥协，但是在妥协之外，Susan畅快地做自己。

她曾经问她的先生，你最大的理想是什么？他回答说，让你快乐。

而Susan也是如此，希望从现在开始到六十岁、八十岁都能够让彼此快乐，为对方着想 。因为彼此有着独立的自我，Susan在这段关系里怡然自得，舒适又自在。如果不考虑生育问题，Susan说年龄反倒是代表了阅历和经验，以及人生更宽广的包容性，在择偶方面有很大的优势。

跟susan断断续续聊了好几天，我在想，是不是还有很多的人不明白，一味地委曲求全，一味地放弃自我，其实并不是我们想要的爱情，也不是理想的婚姻。

我也在想，是不是也有很多人跟我一样，因为恋情的一次次失败对爱情缩头缩脑。爱情和婚姻，它们在我们的生命中经过，不管带来的影响是好还是坏，都是一节节升级打怪的课程，教会我们去理解自己，理解爱情，理解婚姻，当然也去理解人生。

没有人逃离得开爱情和婚姻，那么我愿等到那个让我做自己的男人。

永远没有太晚的开始

认识Daisy是2015年8月14日，我从纽约飞回上海，她于那一天从上海飞往芝加哥。

走之前我们也没见着面，成了微信的点赞之交，临走前她问我三十岁去美国，晚不晚？我立刻回复说，不晚！

然后，她去了芝加哥。

Daisy刚毕业的时候在青岛谈了一场恋爱，男朋友和她分手之后去了美国，她说去美国最初的念头是因为想去问个明白，为什么他们没有在一起。

分手后她来了上海，因为英语不好又想要为出国做打算，她便选择进入外企工作。外企压力大，常年加班，忙碌的日子似乎冲淡了她想去美国的这个念头。直到她三十岁那年下定决心要出国的时候，不再是因为失恋产生的怨念和不甘，而是想要出去看看，为自己的人生负责。

她内心挣扎而焦虑，踏出第一步准备托福考试，一刹那惊觉周围已经都是“00后”了，那一刻的她也在问自己：“三十岁出国，到底晚不晚？”

坦白说，三十岁的女人未婚未嫁，在大城市里闯荡未果选择出国念书，看起来风险大过机遇，Daisy自然也遭到了无数打击。

但好在她并没有瞻前顾后，既然做了，就坚定地走下去吧。就这样，她顶着压力，度过无数个熬夜念书的夜晚之后，去了芝加哥，开始自己新的人生征途。

出国之后，我们一直保持着联系，Daisy的变化是有目共睹的。她独自一人站在陌生的国家，也恰恰是因为完全陌生，反倒能够更加大胆地用自己的方式触碰这个世界。

陌生的环境还给她带来独处的空间，她开启了跟自己的对话，自己的缺点什么？欲望是什么？她开始回忆成长过程中的点滴，并且梳理未来，重新探索自我和认识世界。

去了美国之后的她，之前的那些纠结与焦虑都不在了，她开始有了新的朋友、新的生活与新的爱好。也因为在国外的生活，她戒掉了拖延症，每次看她朋友圈里的照片都会有不同的惊喜，她学会了骑车，学会了滑雪，也在新的人际关系中学会了拒绝和道歉。

后来她在微信上告诉我，这个世界很广阔，如果不是自己画地为牢，根本没有什么可以阻挡你。

曾经幻想中可怕的三十岁，也在她一张张灿烂的照片中打消了我内心的焦虑。我曾以为，三十岁是女人的分水岭，在那个可怕的时间点里，要赶着结婚生子，要赶着功成名就，赶着给自己和给周围的人一张满意的答卷。

是的，对于大多数的女性而言，三十岁倘若还没有结婚生子，反倒跑去追寻自我、寻求冒险，看上去是走了一条多么不稳定又充满未知的路啊！但是Daisy让我明白，如果把眼光放长远点，放到整个人生来看，三十岁反倒是人最好的时光。在经历念书、毕业、工作之后，从家乡独自奔赴远方，走得越远，越能够找到真正的自我。每一个人的二十岁到三十岁都是在迷茫中走过，但我们要学会的是，即便迷茫，也要活在当下，去做自己内心真正想做的事情，然后了解自己、发现自己，在这样的岁月里越来越懂得自己，坦然地继续在生活中升级打怪。

人生有时候很奇妙，她曾经那一场心有不甘的恋情，反倒是给了自己跨出原地的勇气与力量。好比摩西奶奶的故事，一个从未见过世面的农夫家女儿，以刺绣为生，直到七十六岁因关节炎放弃刺绣开始学习绘画，她的作品在镇子上展览，吸引到了很多收藏家，并将她的作品带向了全世界。

有时候，我们总是太过轻易地卷入扑面而来的琐碎生活，却忘了内心真正的心之所向，但唯有坚持你的内心所爱，去做你想做的事情，才能够让你真切地感受到生命的真谛，不辜负这一场人生旅程。

Daisy出国最初的起因是失恋，最后出国是因为内心的成全与驱动，更因为有了工作经验，出国念书之后她的收获远比其他人多得多。你看，别惧怕时间，别惧怕前方，别怕人生的大转弯，只管向前走，就能走出属于自己的那条路。

人生永远没有太晚的开始，当下我们想要做的事情，才会成为真正推动人生前进的动力。别疑惑、别犹豫，不用在乎周遭人的非议，就像摩西奶奶说的：“你有你的路，我有我的路，至于适当的路、正确的路和唯一的路，这样的路并不存在。”

相信我，站在人生的任何一个关口，你内心的真实选择才会让人生走向想要到达的彼岸。

胆小鬼姑娘成为洛杉矶神枪手

我每次采访完一位嘉宾，都会心里小小地感慨一下，原来人生还可以这么过。

前阵子看动画片《疯狂动物城》的时候，柔柔弱弱的兔子朱迪通过自己的奋斗进入了满是狮狼虎豹的世界成为一名警察，李七七就好像动画片里的这只兔子——一个胆小到连过山车都不敢坐的女生，却成为一名枪械战术教官和一名远距离精准射手。

她一张柔软的网红的脸下，藏了一颗坚韧的心。

李七七的探索之路绝对不是从“我的梦想是当一名神枪

手”开始的，而是从“我好像在射击这件事上有点天赋，我决定继续探索”开始的。正如她说：“不是我们选中了天赋，而是天赋选择了我们，无论它看起来跟世俗观念多么格格不入，既然已经埋藏在我们身体里，要积极发现、乐观顺应，再去勇敢地实现它。”

踏出去，人生就是另外一番风景。

李七七坚信每一个人都有自己的天赋，但天赋也需要去努力发现。在去美国之前她从来没想过会打枪，而且是个胆子很小的女生，怕过山车，怕去鬼屋。

偶然一次和一个胆子很大的朋友出去游玩，朋友要求李七七陪她跳伞或者打枪，因为觉得跳伞实在太吓人，李七七选择了致少还是站在地上的打枪。

第一次进靶场时她听到枪声都吓得一抖，结果第一次射击结束之后发现五十发子弹四十七发打在同一个洞里。懵懵懂懂的李七七当时也不知道这意味着什么，但是室内靶场的陪同教练很激动，叫来了所有的教官看她的靶纸。他告诉李七七，她打破了新手纪录。

大多数人遇到类似这样的事情会觉得是运气好，而她很喜欢追根究底，想搞明白到底是运气好，还是有天赋。所以她回到洛杉矶之后，在网上搜索到了专业的射击战术培训公司（美国安防公司），然后她遇到了这家公司的创始人兼她后来的教官Bill。她结束了第一节训练课程后，教官对她说："你的表现非常棒，希望你可以一直坚持训练，争取将来通过我们的教官考核，成为一位优秀的枪械战术教官。"

面对这个突然发现的天赋，李七七有点犹豫，靶场在室外，坚持训练意味着需要长期顶着洛杉矶毒辣的阳光，而她平日里就是个柔柔弱弱跟大家一样爱美的姑娘，如果坚持训练，她原有的生活可能会发生翻天覆地的变化。

她最终决定不放弃自己的天赋，于是走上了这条职业化道路。她与很多专业人士一起进行训练，比如警察和教官。在这些训练中得到大家的肯定，使她一点一点坚定自己的选择，每当她突破自己，获得进步的时候，她的内心都会感受到强烈的成就感。

七七勤奋练习努力提升技能的同时，也与这些专业人士成为朋友，其中还包括沙特王子。这位王子跟其他新闻里出现的王子截然不同，他并没有整日过着纸醉金迷的生活，而是和她一样每天训练。王子跟七七聊天时，他提到周围人都很费解，为什么来度假还选择辛苦地早起训练，王子说是为了热爱，付出很值得。

七七问他："如果你不是王子，你最想过什么样的生活？"

王子回答："我想留在美国，天天都来训练！"然后他喝了一口水，接着说，"可惜，我身上有很多责任，我不得不回国去担负起我该做的事情，不能只做自己喜欢事情。"

她在那一刹那忽然发现，其实她的生活也正在被别人羡慕着，能够从事自己热爱的事，是无比幸福的。

七七最终通过了考核，成为一名枪械战术女教练，所进行的枪械战术训练主要用于家庭安全防卫，大多使用的是手枪和步枪，不同于在室内靶场站在固定的靶道位置体验各种型号的子弹。公司的训练是模拟实战情况，比如在巷子里，房间里，包括黑夜中进行训练。训练之后，就算学员没有枪支，也拥有在现实生活中遭遇突发状况的应变和解决能力。

提到枪械，会有很多人联想到暴力或者坏人，李七七笑着说，她在训练过程中所熟识的人，都是友好幽默、坚强勇敢的人，没有一个人有暴力倾向。大家学习用枪是为了保护自己和家人免遭坏人侵害，拥有应对危险的能力。她分享给我一句话，“学用枪，是希望不用枪”，当大家都知道你擅长用枪的时候，坏人就会绕道而行，从而使你避免了很多不得不用枪的恶劣状况发生。

随着训练的增加，她发现天赋会让你在一开始学得很快，但真正的实力则需要日复一日年复一年地努力练习。

越深入这个行业越发现自己的渺小，她在2017年参加了美国狙击手的比赛，比赛不分男女组，参赛中有很多人都是专业射击手，前辈如云。她觉得自己只是一位新人，在这个从业者大部分为男性的专业领域里，作为一位娇小柔弱的女性，必定要付出加倍的努力才能站稳脚跟。就像小兔子朱迪站在一群犀牛大象中间，难免会感到极大的压力。她谨记保持“谦卑”而不是“自卑”，在努力训练中获得进步，从而不断提高自己的自信，深知自己的渺小，又坚信自己会越来越强大。

七七说：“每个人都有自己的天分，而天分是不分性别的。”

七七一开始从压子弹压到手腕受伤，到训练后可以端起步枪边走边射击，依然无法避免性别上的质疑，到现在还是可以看见她社交账号下的评论：你一个女孩子就不要打步枪了。

“然而我很清楚自己的进步，在周围人都告诉你不行的时候，只要你可以坚持，那这时候你又跨过了一道坎。我们不要因为别人的评价放弃自己的人生。”

正如李七七所说，发现天赋，用努力去浇灌这颗天赋的种子，哪怕这颗种子很小很小，只要不给自己的人生设限，未来就可以是你期望的模样。

“奇葩”小姐的“奇葩”奋斗史

如果非要用一个词语形容余佳，那就是“奇葩”，这可是她自己说的。

提到余佳，她头上有无数光环，本科毕业于同济大学，还是复旦大学研究生和普林斯顿大学交换生，钢琴八级、女篮前锋、校园十大歌手……为了陪男朋友打游戏，开始接触DOTA，七年后成为WDC女子组世界冠军，毕业后拿到摩根士丹利的offer。2014年创立unicareer，并且拿到3000万融资。

看上去顺风顺水的人生，实际上余佳却一直觉得自己是奇葩，每当别人觉得她会一直沿着某条人生之路走下去的时候，她总是会忽然转弯去做一些别人完全意想不到的事情。她是那种完全不按常理出牌，也完全不按照任何人的思考模式在走的姑娘。

高中的时候，本来分数可以上清华北大的她，但是因为填错答题卡，最终去了同济大学的计算机专业。当时周围都是对计算机充满热爱的男同学，余佳心生自卑。第一次上课学C+，基础课时老师直接将书本丢给学生们自学，她硬着头皮逼自己扛下来。

除了疯狂学习，余佳还谈了一场恋爱，男友热爱打DOTA，为了跟男友有共同话题，余佳索性也开始打DOTA，甚至把DOTA当成一门学科去研究，从大一一直打到研一，甚至一举拿下了全球女子组的冠军。

如果按照平常人的逻辑，游戏打得如此风生水起，必然成绩不佳，可余佳是个特例，成绩一直保持在前十，甚至在别人眼里她就是个学霸。

能做到这种程度，靠的是她疯狂压缩睡眠时间完成的。大学的时候她为了能够三年上完四年的课，每天只睡三个小时，疯狂地从早上八点到晚上十点上课修学分，十点到十二点参加她感兴趣的社区，十二点之后学DOTA。她为了能平衡学业与兴趣爱好，在大学拼尽了全力。

当然，不仅是大学，余佳一直就是这样一个爱折腾爱尝试的姑娘。她跟我说自己从小不是在上兴趣班，就是在去兴趣班的路上，会弹钢琴会打篮球，理科生的她还参加了2013年度MISS China的选美比赛，并且一路冲进决赛。

这样一个爱闯爱拼的姑娘，也和全世界的姑娘一样，会在感情里跌跌撞撞，不同的是，别人失恋会垂头丧气，而她失恋则会提升新技能。上一次失恋的时候，她为了能够找到一件事情完全占据自己的脑子，跑去玩“狼人杀”游戏，获得上海“狼人杀”评分第一名。

她似乎拥有把悲伤转为动力的强大能力，让每一次的伤都能够成为自己进步的台阶，向上走得更稳，站得更高，自己更强。

余佳的一路，光环闪耀，我问余佳：“一路自带光环的人生，有困惑吗？”

她笑笑，回复我：“摔跤和困惑的地方别人看不到吧。”

听她说我才知道，所有的光芒都暗藏实打实的付出与艰辛。好比打电竞比赛这件事情，六年的时间，外人看到的是她最后夺冠，却不知道她在这六年里的付出。

女子电竞比赛是非常混乱的，她曾在团队中被队员们排挤和奚落，也曾在决赛前被竞争对手挖墙脚。她经历过孤独，也经历过慌乱，但是她还是扛下一切，靠实力当上队长，并且在比赛前找到临时替补队员，最终赢得了比赛。夺冠的路上，她承受着常人无法想象的压力。

余佳是有无数选择的姑娘，不管哪一条路，她都能走得顺风顺水，但是正如一开始所说，她也永远是一个不按常理出牌的姑娘。2014年余佳从摩根史丹利离职，创立了自己的第一家创业公司Unicareer，为留学生提供进入职场前的教育。她将学生在面试中遇到的问题，按照自己的系统分析做成模型，帮助留学生求职，并且在2016年6月获得3000万人民币A轮融资，目前在纽约和上海都有自己的办公室。

创业路上看上去风光无限，实际却也暗藏汹涌。刚创业的时候她也被无数投资人打压与质疑，除了一直踏踏实实创业，一直坚持初心保持盈利，妥善管理员工，直至今天她有一支稳定的核心团队。她当老板也跟别人不一样，她能够看开员工的离开，尽管她的公司离职率很低，但是每当员工辞职的时候她都不会很低落。她表示，如果自己的员工走了，能发展得更好，那她愿意亲自送他走，并且期待将来的合作。

她也一直坚持这样的一个公司理管理念：如果你没有做错什么，那是因为你没有创新；要听对的，不要听头衔。

她对待事业，有少见的格局与胸怀，我想，这也是她成功的原因之一吧。

余佳还说，每当在一个领域获得一点小小成绩，别人给我贴标签的时候，我就想去别的领域挑战了。

或许就因这样的想法，让她在一个又一个不同的领域里突破自己，获得新的技能。

看似不按常理出牌，但余佳其实在用自己的方式去规划人生，一来从未给自己设限，二来专注且快速前行。她很快能在这些不同领域中获得成绩，并能总结出自己的优势，然后选择最佳途径去实现自己想要做的事情。

不去唱歌，不去选美，不去当个年薪千万的电竞主播，而是选择创业。看似是条弯弯曲曲的路，实则本就是她应该走上的道路，也是一条最适合她的道路。但是话说回来，她在每一个领域的付出，都超出了我的想象。

2017年，她也进入了亚洲地区福布斯三十岁以下商业领袖的榜单。

她用正确的方式奋斗，也从未因失败与沮丧阻碍前行。她永远是那个意气风发的少年，向着人生更高的山峰攀登。

不怕没底气，就怕没力气

周国平先生讲过这样一段话：人在世上生活，基本的智慧是把一切非自己所能改变的遭遇，不论多么悲惨，都当作命运接受下来，在这前提下走出一条积极的路来。不要去想从前的好日子，那已经不属于你，你的使命是在新的规定性下把日子过好。这就好比命运之手搅了你的棋局，而你仍必须把残局走下去，那就好好走吧，把它走出新的条理来。

这段话放在Daisy身上再合适不过了，从闭塞的福建乡下走出来，到如今成为叱咤风云的企业家，她靠的就是这样一种智慧，不管命运给出什么牌，都能够按照自己的内心走下去，看似轻巧，却隐藏着她内心的力量。

如果不是Daisy主动告诉我，我很难相信她出生于福建西北部的小山村，她十岁之前每天要走五公里山路去隔壁村子念书，当地学校老师要求三年级之后每一个人要挑柴火给老师烧饭。当时她的父母在外工作，爷爷奶奶一手将她带大，因为担心她瘦弱的身体承受不了这样的辛苦，便决定从她三年级开始举家搬到县城。

Daisy是个好学生，一路三好学生到高中，而人生的第一次转折发生在高三，原本前程似锦的她，高考不幸落榜，没能如所有人原先预料的那样考上名牌大学。对于众人眼中天之骄子的她来说，这无疑是人生的重大打击。

之后，她考上了上海理工大学。毕业之后进入外企工作八年。这八年顺风顺水，直到三十岁那年，因为职业的发展与内心的期望不再匹配，她毅然选择裸辞。

人生永远都是潮起潮落，有时候自己做的决定自己都不知道为什么，甚至不知道这个决定带来的会是高峰还是低谷。

裸辞之后，Daisy经历了长达半年的失落时光，她迷茫又黯然。

三十岁那年，她很恐慌，不知道往哪走，也没有金钱的积累，也不知道自己擅长什么，优势是什么，感觉前途一片黑暗。

然而每逢我们遭遇人生低谷的时候，总是屋漏偏逢连夜雨，你忽然发现这世间任何一个人都帮不了你，但Daisy告诉我：生命有时候的确是很痛苦的，痛苦到可以叫天天不应叫地地不灵，但生命又是奇妙的，你只要愿意挣扎，不愿轻易妥协认命，就一定可以走出这个状态，而走出来的路也会让自己大吃一惊。

挣扎半年之后，她进入一家英国猎头公司从事了五个月猎头顾问的工作，千辛万苦取得非常漂亮的业绩后，Daisy决定开猎头公司。她永远是一个执行力快过想法的女人，她不懂怎么开公司不知道如何组建团队，但火速地发动所有力量团结了十几个人，找当初外企里的HR高管来培训，并且快速摸索出一套选拔培养团队的方法。执行力超强的她规定自己每周至少去拜访两位竞争对手、两家潜在客户，每天必须约见若干候选人。

走在路上的时候，少想多做，自然就能慢慢找到行业运作的规律。

猎头公司很快上了轨道，并且顾问的平均单产能够做到行业平均水平的两三倍。之后，三十六岁的Daisy开启了人生的另外一个章节：生孩子。

三十六岁作为高龄产妇，七十斤的小小身材，怀胎十月生下可爱的女儿，月子还没有坐完就回公司上班了。但自从孩子出生之后不管多忙，每天晚上必定回去陪女儿睡觉，女儿夜里醒来，Daisy也会和先生亲自照看。

孩子是软肋也是盔甲，让Daisy更加充满战斗力，那颗勃勃的雄心，为了自己，也为了女儿，愈发热烈燃烧起来。

一年后，Daisy又报名了南加大的EMBA， 跟着全球各个领域的同学一起学习，让她接触了一个完全不一样的世界，开拓了她的视野，得到了不同领域的资源，和不同的人进行思想的碰撞。

与此同时，她在做猎头公司的过程中，也接收到无数女性的提问，那些想要跳槽的人纷纷在咨询她：

我应该找什么样的老板？我做了全职妈妈还能回职场继续工作吗？

我跟一个老板七年没升职该怎么办？

我应该怎么快速招聘团队？

怎么处理与合伙人的关系？

职场到底有没有性别歧视？

为什么作为一位女性，感觉到了一定年纪，突然在职场不受待见了？

带着别人抛出的问题，2015年她再次开启了新一次的创业：她决定要帮助职业女性成长。

自此，她的人生又渐渐进入到一个新的阶段，一开始她想提供导师一对一帮助女性解决问题，发现一对一这条低频非刚需的路走不通之后，开始转型做针对职业女性的垂直平台。2016年，是她人生当中最困难的一年，她受到来自四面八方的质疑，很多人批判她没有准备好，不该出来二次创业。她也在挣扎，到底方向在哪里，怎么做，又怎么跟团队交代？

Daisy走了无数弯路，边走边修正，终于在她的坚持下，让想做的事情越来越清晰，从2016年底开始，创业进入柳暗花明又一村的美丽新景象，并在2017年爆发出强大的势能。

Daisy后来决定在原有公司基础上，创立"SPO全球新经济她领袖联盟"，将最优秀的女性一起汇聚到这个平台，为职业女性自我提高提供全方位的服务。Daisy和她的团队相信，职业女性将在社会当中扮演无比重要的角色。

在这个新的创业项目里，她遇到了自私的人、捣乱的人、道德败坏的人，当然还有很多无条件支持她的人、爽朗大气的人，和她心怀同一个梦想的人。她说她在往前走的路上，不断粉碎自己，每一天都发现昨天的自己是井底之蛙，她认为见识远远比知识更重要，她希望打造一个平台，用平台的力量对接外部资源，帮助女性拓展视野。这一路上，她看到很多有梦的人，很多自由而有趣的灵魂，她看到更宽广的世界，也因此知道这路上有风也有雨，但也有鲜花和彩虹。

我也在Daisy的“SPO她领袖联盟”女性社区里，在那里，你会发现原来人可以这么多样化地活着，人和人可以如此不同，有些人搞得定工作伺候得了客户安抚得了老公，有些人家财万贯却无比谦虚，有些人天天游戏却事业无敌。那些绚丽的人生展现在我面前，让我感受到另外一番天地，这世上原来有那么多活出自我的人。

生活终归是美好的，而这个社区的另外一层意义也在于，在你沮丧与困惑的时候，你去找群里的人聊天，你会获得一种新的思考方式，会让你在那些艰难的时刻，瞬间拥有力量，走出人生的无措。

已经快四十岁的Daisy从未思考过自己的命运之牌，她看上去是个冷静又有距离感的女人，但实际是个感情丰富的人，一个人的时候，时常回忆自己的曾经：那个走在山间小路上的自己，那个被客户戏谑的自己，那个为了一个心仪offer拼尽全力的自己，那个舌战群儒的自己，那个团结了一大批优秀女性的自己，那个不断跨越阶层的自己。

我们从来无法预测生命的涨潮落潮，但是只要你有目标，相信自己，终归能够走出属于自己的那条路。Daisy的座右铭是“为者常成，行者常至”，经常行动的人总是更容易成功，一直走在路上的人，总有一天会到达目的地。

踩着十二厘米的高跟鞋
闯荡国际时尚圈

第一次见大宝，是在2016年，短短的一年，她变成了纽约最知名的华人时尚女博主。前不久，她在纽约办了一场盛大的活动，开头是一个三分钟的视频，她说那是她的浓缩奋斗史，浓缩了她在纽约的四年时光，从拖着箱子的留学生，成为创业女青年站在世贸大厦之尖。

大宝从小就是传统意义上的乖乖女，从来没想过自己的梦想是什么，因为化学好所以大学本科念了人民大学的化学系，毕业之后发现自己讨厌化学，所以申请了纽约大学念人力资源硕士。

她从理工科学霸到时尚博主，这一路上有过很多质疑的声音，一开始作为门外汉从事时尚行业，在参加过几次时尚活动之后，周围就开始有人指指点点，甚至说："你不过就是跟Anna Wintour（Vogue杂志美国版主编）合个影而已，凭什么说自己是时尚圈的人？"面对质疑，大宝没理会过，还是按照自己的步调走，她说做时尚是她从小到大特别喜欢的事情，她相信自己有天分也可以做得好，才不管周围人说什么，死扛到底就是她的法宝。

当然大宝也并不是盲目地追求不切实际的梦想，死扛到底的前提是对自己有正确的判断，正如她所说，追求梦想的第一步是要有学习能力和适应新环境的能力，在这个基础上追梦要符合三个要点，第一点是足够幸运，所谓的幸运是指所做的事情是符合未来趋势的；第二点是一定要喜欢并且擅长你所做的事情；第三点是你足够努力，因为即便是天才也需要非常努力。

很多人觉得做时尚博主是件没什么技术含量的事，无非是拍照晒出来而已，其实并不是。这个行业不仅要懂得拍照构图还要善于社交，作为来自中国的时尚博主，更要对中美两国文化有深层次的理解。大宝在做了时尚行业之后反倒是需要不断拓宽知识面，才能在这个行业里站稳脚跟。

就这样，大宝走上了国际化时尚博主的道路，她通过分析自己的个性和气质摸索出了自己的风格，开始有越来越多的人喜欢她，也逐渐受到越来越多品牌的青睐。恰逢中国市场崛起，很多欧美的奢侈品牌都想要了解中国市场，而大宝作为真正土生土长的中国人，在纽约获得了前所未有的关注。先是受万宝龙品牌的邀请，做了她的专场活动，并且为品牌提供了很多新的建议。后来被Richemout集团邀请作为演讲嘉宾（Richemout是时尚集团，旗下有Cartier、Van Cleef&Arpels等知名品牌），大宝很感慨地说道，自己是“带着民族使命感在创业”。

所谓天时地利人和，大宝在中国长大，随后去了纽约，在纽约有了得天独厚的资源。实际上时尚行业属于被白人主导的行业，她在纽约参加了数次时装周后，感受到国外的时尚圈和奢侈品圈没有太多中国人的面孔，她希望能够作为首位中国的时尚博主在美国立足，让中国人也能够在时尚界有一席之地。

看似光鲜的时尚行业，实际非常辛苦，冬天穿短裙，夏天穿棉袄，雨天拍视频。看起来时装周光芒闪耀，但是当你冬天零下好几度踩着十几厘米的高跟鞋一天之内穿梭在无数活动中，你就不再认为是美好了。时尚行业也是名利扎堆的地方，要想活下去，也需要付出非常多的体力和脑力。对大宝来说，在一年的发展里，从质疑声中走过，并且把自己想做的事情发展成事业，还能够赚到钱，开了自己的公司，这是她以前想都没有想过的事情。

当初人人喊她“网红”的时候，大宝就跟我说，她从不觉得自己是“网红”，她认为自己是一名创意制造者。这份职业需要负责所有的创意制作，不管是广告还是活动，都需要这个职业做总体上的创意设计，而大宝更像是这个总创意的指挥者，她从社交媒体起步，在自己小小的国度里，日益深耕，直到拥有自己的创业公司，开始帮助更多的中国品牌进入美国市场。

尽管万事艰难，但她能让梦想照进现实，并且发展成一家公司，脚踏实地地一步一步往前走，她的内心每天都充斥着满足感与成就感。

《北京人在纽约》这部电视剧里有这样一句台词：“如果你爱他，请送他去纽约，因为那里是天堂；如果你恨他，请带他去纽约，因为那里是地狱。”

纽约就是这样既残酷又美好的地方，遍地是机会遍地是竞争。

纽约也是一座神奇的城市，它让大宝从一个很小女孩的状态，变成了一个能独当一面的女人，让她从骨子里散发出一种自信和性感。

当她被纽约世贸大厦赞助举办属于自己的专场活动，穿着红色连衣裙举着高脚杯站在纽约高楼上时，她才意识到，那些曾经受过的伤已经不那么重要了，因为她在追梦的过程中学会了独立、坚强、勇敢，知道自己是谁，更能够给自己正能量。

她从一个普通的留学生成了纽约知名的时尚华人博主，再到开创属于自己的公司，与其说运气，不如说是正确的选择和坚持让她在时尚博主这个竞争激烈的行业里硬生生地杀出了一条血路，有了自己的一席之地。

她有无限的斗志，她跟我一样热爱纽约，但是她比我更有力量。她现在咬着牙穿着十二厘米的高跟鞋踩走在坑坑洼洼的曼哈顿街头，做着自己喜欢做的事情，拿华服当盔甲，变成了独一无二的王大宝。

是的，纽约是个很特别的地方，它特别迷人，也特别残酷，就像大宝说的：给努力的人机会，给偷懒做梦的人一顿暴击。

所谓梦想绝非是躺在床上，坐在家中臆想出的白日梦，这世界从来没有两全的好事，我们能做的是找准方向、努力战斗，不自我质疑和怀疑，也绝不妥协。

值得庆幸的是，我们所付出的每一分努力，咬牙死撑过的每一分痛苦，都会在未来以各种各样的方式回馈给我们意想不到的惊喜。

附录

人生重要的是方向，不是速度

你一定看过很多故事，也知道那些故事的主角是A小姐B先生C老板D情敌，可是在我的文章里，没有ABCD，有的是一个个真实的人，她们的努力有迹可循，你看得到摸得着。

有人曾说，我有一大堆漂亮又拼命的女朋友，是的，说的一点也没错，我的闺蜜们，用自己的方式在各行各业活出了一个最灿烂的自己。是她们，让我看到了更广阔的天地，更精彩的生命，也推着我一直往前走往前进。

她们是我的闺蜜，亦是我走在人生路上的伙伴，在书的最后，我邀请了在书中提到的几个闺蜜和好友，让她们亲自写下在追梦路上的心路历程，希望能给你启发，也能够给你最大的力量与温暖。

纽约纽约，我的迷茫和我的执着

王大宝，北美第一生活时尚博主，VERAWANGxNYC的创立者

真正在纽约生活过的人，就知道这个城市不是电影里那么迷人，也不是电影里那么糟糕。

牛文离开前，我们在夏天最漂亮的rooftop bar送别。

她劝过我回国，说国内发展空间更大。我却还是执着地留在纽约。

这里留住我的地方在哪呢？两年前刚毕业的时候，也许还有一份迷人的爱情和对未来未知的渴望。

但是后两年，日子因为创业变得忙碌起来，渐渐地初衷变得模糊了。

我为了什么在工作？成功？还是幸福？

很多采访都会问我，作为一个中国小姑娘在美国创业有什么不同？我说敢于创业的人都很不要命，没什么不同，就连美国人也一样，大家都没日没夜地喝着黑咖啡。约会中的纽约投行工作者对我竖大拇指，说你真厉害敢自己开公司比我有勇气。我心里却想着，你敢干投行，你工作的时候比我糟糕多了好不好。

但是这一切我都默默认了，因为我觉得自己是在为了自己爱的事业辛苦。就好像母亲抚养自己的孩子，而不是代孕妈妈，忙碌一场又将成果都送给别人。只是辛苦到头，终于成为站在世贸大厦顶层举办开幕式的中国人之后，连轴转的生活让我病倒了一个月。

我开始思考，我留在纽约最终是为了什么？难道钱我都懒得赚了？有命赚没命花，连谈恋爱的时间都挤不出来的单身日子，就值得了？

最终我做了一个决定，成功不等于幸福，我更想要幸福。

在我生病的那段日子里，依然回复着各种停不下来的工作邮件和信息，那种感觉并不快乐。看到四十岁的“成功人士”还过着每天全世界飞，却还是孤单一人，跟我抱怨“my dating life sucks”的时候，“work life balance”在纽约客眼里可能是个笑话。大家都在拼命赚钱的时候，我却定了去欧洲的机票。

我想说短短几年纽约的日子不但教会了我做自己，也教会了我重新看待人生，看待追梦，看待创业，也重新看待真正想得到的幸福。

人生重要的不是速度，是方向。

时间是最伟大的整理师

韩艺恩，首位BBC报道的中国整理咨询师

什么最珍贵？

时间。

什么价最高？

免费。

什么最容易？

批评别人。

什么最困难？

认识自己！

曾经的我，浪费着青春年华，不接受任何人的批评，活在自我封闭的世界里。

有一天，当我拿到了“整理”这把神奇的钥匙，我的生命似乎开始扭转。我把关注责备和批评的精力，都用来审视和认识自己，我慢慢地发现，我看见了我，听见了我，我明白了自己的心。

有人问我整理是什么？我说整理是一种激情！是一种想要好好生活的原始动力！

有人问我整理师是什么？我说真正的整理师他们是一群极其平凡的人，但却是人们灵魂的摆渡者，他们能跨过灰尘，越过凌乱，梳理着人间的繁缛琐碎，他们也能读懂哲学，思考命运，感受世俗的真情和美意。

拥抱整理的岁月，我无比喜悦，无比幸福！

从一个人，一个小小的梦想开始，再到几个人，几个小小的目标实现。这段路，走得不容易。但面对真正热爱之事时，每前进一步我都会提醒自己这样的“辛苦”心不苦！

如果说爱一个人，始于颜值，陷于才华，终于人品。那么我认为，做一件事，始于好奇，陷于热爱，终于责任。

我们终其一生都在寻找的那件热爱之事，在打开好奇之门后，更多的，是不断地冲锋，不断地挑战，不断地修正，和不断地背负责任！

创业之路上我们都在寻找那个对的事，如果你还没有找到，别着急，让时间慢慢告诉你，因为时间是最伟大的整理师，去伪存真，留下最美的善意。

若有丹心向明月，何惧风霜蔽朝阳！

创业让我甘之如饴

米雪，上海新晋界艺术空间创始人兼CEO

经常有人问我：“创业是什么感受？”我的回答都是：“创业根本不是人干的事儿！”但就是这件看上去“不是人干的事儿”，我默默坚持了四年，还准备坚持十四年，四十年，直到永远。

我是一个艺术行业的创业者，在这个小众的行业里，尽管我有作为艺术家父亲带来的便利资源，还是要跟团队不断地发掘生意点，不断创新，不断寻求新机会。女性创业者普遍拥有强大的内心与韧劲儿，自律、坚强、无怨无悔。

牛文是我在创业路上遇到的好蜜友，我们经常在深夜讨论要更谦和内敛，更懂得珍惜，讨论我们怎样才能做得更合理，我们怎样才能成为更好的自己，这种彼此间的分析与鼓励，是成长路上有温度的记忆。

我希望若干年后，当我跟别人讲起我们的画廊品牌时，当我回忆起创业这么多年所走过的路，遇到的困难，交到的朋友时，我可以觉得甘之如饴。是的，虽然困难重重，但这条路上所经历的每一刻，都让我甘之如饴。

很多路，只有在没走过的时候才会感到恐惧

Clair，沪上知名文艺工作者

十年前大学毕业前夕，我与大学最好的朋友坐在加拿大某市中心城堡酒店的酒吧里痛哭流涕，有一种不想接受从此就要过上那种最无趣最规律的生活的伤感。

那时候是真的伤感，不是矫情。

高中时选择出国是因为那时所就读的省重点高中班主任家访，指着我的钢琴说："你现在还练琴？你现在除了读书做题什么都不该干。"又在了解我家房间结构后对我父母说："她不应该住那么大的卧室，她的卧室应该是最小那间，只有上洗手间能出来，吃饭也应该是父母给她递进去。"

我心里向来反抗莫名其妙的强制势力。

可是毕业前那天我坐在酒吧里，为终于对“强制势力”感到无能为力而恐慌。

我的十年后会是这个样了吧，上班下班，吃饭睡觉。可能会赚些钱，可能会有家庭有孩子，但又如何呢？听上去跟所有人都一样。

我对面的朋友看我哭得不能自抑，惊慌失措地对我说，或许你也可以选择不同的生活？你想要怎样的生活呢？

我哭着摇摇头，这是最伤心的，我不知道要什么。

十年后的今天，我三十三岁，未婚，无车。

有套房子可以住，有份能让自己吃饱穿暖的工作，买不了多少奢侈品，但可以满足一年几次“我想去外面看看”的任性愿望。

现在的我，甚至都没达到十年前想象中那个“无聊”的标准，我没有赚很多钱，也还没有自己的家庭和孩子。

但我爬过山，下过海，对话过世界最顶尖的经济学家，也去过两周不能洗澡的地方，睡在满是跳蚤的床铺上与同伴吃老乡送给我们的番茄、苹果和山楂。登上巴黎圣母院顶端拍摄建筑内部结构，去黄土高坡钻百年窑洞。与主席握过手，给首相做过翻译，与王子一起工作。我经历过很多的惶恐，但在就要快不行的时候，也会莫名地被一些小小的运气托举起来让我不会真的走入绝境。每天晚上，当温暖的洗澡水从头顶上浇下来，双脚站在被水淋过的瓷砖上，我会觉得很踏实。好像以前想的需要上班下班装模作样的生活，其实并没有那么差，甚至还处处透出希望与小小的喜悦。

就像曾经经历一段痛不欲生的恋情后，有一天我坐在车里，安静地看着高架上盏盏温暖的路灯，原来一切都会过去是真的，以前想的之后会很糟糕的日子，原来是能够充斥这样一种劫后余生的奇妙快感。

只要你允许一切可能性的发生，放松，再放松一点。

很多条路，真的只有在没有走过的时候才会为感到恐惧而哭泣吧。

没有关系，哭也是存在的一部分啊！哭完洗个热水澡，拍拍自己肩膀，继续上路就好。

创业永远是一条孤寂的路

Elly，BQ创始人，莲遇酒店创始人

我是Elly，创立并经营莲遇酒店品牌，现拥有两家精品酒店，一家精品茶苑，还有一家线上精英女性的买手平台becoming queen。2013年底回国创业至今，之前的每一天都在丧心病狂地做项目开会盯工地，周而复始。今年起所有项目都步入正轨，我也逐步开始调整自己的心态、作息和生活节奏。

每一个做事业的女生都会被打上“女强人”“女汉子”的标签，我不在乎，只要我不给自己设限，不妄自给自己贴上无谓的标签就行。就好像无数次被问到，为什么要做这么多项目，忙得过来吗，可以好好专注吗？我的回答是：你不是我，你怎么知道我不行。我如果不按照自己的意愿来做，又怎么知道我行不行。每一个关键性时刻，我只回答自己的问题，一旦有了答案，半句废话没有直接奔赴战场。

做选择的时候，听从自己的想法就好了。只要你有勇气去摸爬滚打，有勇气去犯错，有勇气爬起来再战，没什么大不了的。

人生从来都是一段孤独的旅程，创业更是一条孤寂的路。在这个创业风潮盛行的时代，我要给每一个心里蠢蠢欲动想要创业的年轻朋友泼冷水——这简直是一个极其艰苦的选择。如果不是抱着非干不可的态度，如果没有一颗坚定不动摇的心，请务必不要选择这条坎坷的路。要不然为什么成功路上只有寥寥数人，因为大部人在途中就被击垮，选择放弃。

最后想说，牛文大概是我身边创业女生里最积极，最拼命的那一个。认真的女人最迷人，她敞亮、积极，为了自己的目标勇往直前，她让年轻女生看到了一个这个时代该有的榜样形象。

祝愿牛文的每一位读者，晴朗，漂亮，且盲目自信。

做一个酷酷的人

李七七，女神枪手

两年半以前，从我摸到枪的那一刻开始，终于发现了自己愿意为之奋斗终生的事业。

我一根筋，只在乎是否热爱，从未想过性别区分。作为一名枪械战术女教官，现实给了我无数考验。

我被迫不断回答各种问题：

我不是暴力狂，我教授安全防卫课程。

男朋友不会被我动不动乱枪打死。

烈日暴晒下的枯燥训练对于我来说甘之若饴。

我满手枪茧但我为自己开心，因为我能够保护自己和家人，还有余力教会更多人保护自己。

我不想与诋毁我的人争辩，因为我根本没有时间花在不值得的人和事上。我从未想过挑战性别，我认为每个人都有自己的特点。

我在非议中一直努力仰着头迎着急风骤雨奔跑。我害怕过，怕我矮小瘦弱不能负荷艰苦的训练，怕我不够聪慧让师父们失望，但我从未退缩。勇气是什么，不是不怕，是即使害怕也要坚持，永不放弃。

我要坚持不断与人分享，教会更多的人学会自我保护和保护他人的技能，在面对危难的时候，有强大的内心，足够的智慧与之抗争。

人只有一生，我没有时间去浪费。我要单纯地拼尽全力地做自己热爱的事情，多年后我的墓碑上将会刻着：这是一位很酷的老太太。

坚持住，谁都不许说放弃

卡大人，时尚博主

作为已经在社会打拼了四五年的姑娘，我兜兜转转做过七八份职业。做过翻译，做过贸易，学过珠宝鉴定，还做过程序员，最终停在了时尚博主这个领域，平时不仅写美好的事物，也想唤起更多姑娘对自己性别的新认知。

老粉们都知道，我这份博主事业都是白天写了一天的代码，晚上熬夜加班做出来的。到现在整整一年半，阅读量从最初的几十到现在的两三万，虽说比不过行业里那些才华横溢的大v博主们，我倒也自得其乐，无论过程多艰难都坚持了下来。说白了，还不是靠着热爱的力量吗！给我任何一种其他职业，下班后熬夜去做，我百分百坚持不下来。

幸运的人很早就找到了自己热爱的事，并且有机会以此为职业。但更多人还处在迷茫中，完全不知道自己喜欢的事业是什么，这个时候你可以跟着心走。

我知道“跟着心走”这句话听起来很是敷衍，谁知道这个“心”到底在想些什么，它看起来什么都想要。

想想那些你熬夜熬成熊猫眼都要追的剧，或者你打得上瘾不通关不肯下机的游戏。这种欲罢不能的感觉就是你的“心之所向”，你只需要找到这类能让你上瘾的感觉，跟紧它就好了。

从迷茫中找到内心所爱成为时尚博主，再到现在带着团队创业，我也经历了无数的低谷期和平稳期，我开始前所未有地清晰自己是谁，弱点优势通通了如指掌。

迷茫很容易，但越迷茫，越要去闯去试，直到找到自己的方向。如今，我是一名创业者，创业早已是我的呼吸我的肌肤，它既是生活方式又是生活本身，既带给我无尽的快乐又附赠痛苦的体验。

我和牛文曾做过一个约定：“坚持住，谁都不许说放弃！”

坚持住，只要我们还没倒下去，就总有机会飞起来，不是吗？

当我坐在的房间里整理这些文章的时候，感觉内心充满了温暖和感动，在纽约从学霸变成时尚博主的王大宝，在我家里帮我整理回忆的艺恩，经常没事就一块喝酒的米雪，一次奇妙偶遇并且给我极大帮助的Clair，一直给我服装赞助，提升我时尚度的Elly，还有启发我发掘自己天赋的七七，认识她们之后，我发现，我的生活真的越来越生动了。

跟谁同行，也是走出迷茫的关键一步，我把这些真实的想法、真实的故事、真实的人都写下来给你，愿你能够带着勇气和力量，走出迷茫，走向更加精彩的未来。

牛文

图书在版编目（CIP）数据

你越迷茫，越要去闯 / 牛文著. --北京：九州出版社，2017.8

ISBN 978-7-5108-3243-7

Ⅰ. ①你… Ⅱ. ①牛… Ⅲ. ①散文集－中国－当代 Ⅳ. ①I267

中国版本图书馆CIP数据核字（2017）第219991号

你越迷茫，越要去闯

作　　者	牛文 著
出版发行	九州出版社
地　　址	北京市西城区阜外大街甲35号（100037）
发行电话	（010）68992190/3/5/6
网　　址	www.jiuzhoupress.com
电子信箱	jiuzhou@jiuzhoupress.com
印　　刷	三河市中晟雅豪印务有限公司
开　　本	700毫米×970毫米　32开
印　　张	9.5
字　　数	220千字
版　　次	2017年10月第1版
印　　次	2017年10月第1次印刷
书　　号	ISBN 978-7-5108-3243-7
定　　价	39.80元